从焦虑到摇尾巴

Tim Shine

Buy Me Now Co.

版权所有 © 由 2023 Tim Shine
编辑：Nivol Redan
室内设计和封面设计：Brita Zoland
发行商：Buy Me Now Co.

版权所有 © 2023 蒂姆·夏恩 (Tim Shine).版权所有.本书或其任何部分不得通过任何机械、摄影或电子过程或以录音形式复制.未经作者许可，不得以任何方式将其存储在检索系统中、传输或复制以供公共或私人使用.

本书内容无意作为医疗建议或提倡在不直接或间接咨询兽医或相关专家的情况下使用任何技术来治疗狗的身体、情感或医疗问题.作者旨在提供一般信息来帮助您和您的狗.如果您选择将本书中的任何信息应用于您的狗，行使您的宪法权利，请注意，作者和出版商均不对您的行为承担任何责任.

从焦虑到摇尾巴，探索狗生的黑暗面 / Tim Shine -第一 版.
ISBN:　　　978-0-6458916-6-9
1. 宠物/狗/品种 2. 宠物/狗/训练和展示 3. 宠物/参考
主题： 狗作为宠物，世界

Buy Me Now Co. 专门为 Tim Shine 颁发了王子奖.

Copyright © 2023 by Tim Shine
Editor: Nivol Redan
Interior & cover design: Brita Zoland
Publisher: Buy Me Now Co.

Copyright © 2023 by Tim Shine. All rights reserved. This book, or any part thereof, may not be reproduced through any mechanical, photographic, or electronic process or in the form of a phonographic recording. It may not be stored in a retrieval system, transmitted, or copied in any manner for public or private use without author permission.

The content in this book is not intended to serve as medical advice or to advocate for using any technique to treat physical, emotional, or medical issues in dogs without consulting a veterinarian or relevant experts directly or indirectly. The author aims to present general information to assist you and your dogs. Should you choose to apply any information from this book to your dog, exercising your constitutional rights, please be aware that neither the author nor the publisher assumes any responsibility for your actions.

From Worries to Wags, Explore the Dark Side of Dogs' Life / Tim Shine – 1st Edition.
ISBN: 978-0-6458916-6-9
1. Pets / Dogs / Breeds 2. Pets / Dogs / Training & Showing 3. Pets / Reference
Thema: Dogs as pets, World

Prince Award dedicated to Tim Shine by Buy Me Now Co

该书现已被翻译成多种语言，包括西班牙语、法语、德语、荷兰语、意大利语、日语和中文.翻译这本书的决定是由于全世界爱狗人士的巨大需求以及确保和保护全球狗的福祉的共同目标所推动的.通过向更广泛的受众提供这一宝贵资源，我们希望能够让来自不同文化的狗主人和爱好者能够为他们心爱的毛茸茸的伙伴提供最好的照顾和理解，并获得全球认可.让我们共同努力，为世界各地狗狗的生活带来积极影响.

请使用以下 ISBN 代码查找本书的相应翻译.您可以利用专用代码进行在线搜索，或将其提供给书店以帮助找到所需的翻译.

语言	书名	ISBN 号
英语	From Worries to Wags	978-0-6458916-0-7
西班牙语	De las Preocupaciones a las Movidas de Cola	978-0-6458916-1-4
法国	Des Inquiétudes aux Remuements de Queue	978-0-6458916-2-1
意大利	Dalle Preoccupazioni alle Scodinzolate	978-0-6458916-3-8
意大利	Von Sorgen zu Schwanzwedeln	978-0-6458916-4-5
荷兰	Van Zorgen naar Kwispels	978-0-6458916-5-2
中文	从焦虑到摇尾巴	978-0-6458916-6-9
日语	心配から尻尾を振ることへ	978-0-6458916-7-6

译者注：

本书的翻译是使用软件生成的，没有经过人工翻译. 然而，我们投入了大量精力来审查所有部分. 它是为了方便那些喜欢英语以外的语言的读者而提供的. 请注意，某些单词或短语可能无法用英语表达其确切含义. 为了更准确地理解本书的内容，我们强烈建议购买本书的英文版. **请注意，出版商对英文版和其他翻译版本之间的任何差异不承担任何责任.**

书中有几个有用的网站链接. 如需翻译网站的帮助，请参阅第 233-234 页有关如何使用谷歌(Google) 翻译的指南或第 235-236 页有关如何使用百度(Baidu) 翻译的指南.

非常感谢您的理解和支持.
Buy Me Now Co.

Translator's Note:

The translation of this book was produced using software and has not undergone human translation. However, we have invested significant effort in reviewing all sections. It is offered to serve readers who prefer a language other than English for their convenience. Please note that some words or phrases may not convey their exact meaning in English. For a more precise understanding of the content, we highly recommend purchasing the English Edition of this book. **Please note that the publisher is not responsible for any discrepancies between the English Edition and other translated versions.**

There are several useful website links in the book. For assistance with translating websites, please refer to the guidelines on pages 233-234 on how to use Google Translate.

Your understanding and support are greatly appreciated.
Buy Me Now Co.

从焦虑到摇尾巴
探索狗生的黑暗面

爱狗人士必备指南

目录：

奉献	11
作者注	13
致谢	15
出版商备注	17
前言	19

第1章：释放狗焦虑的世界 — 21
- 了解犬类的焦虑心理 — 21
- 探索不同品种独特的焦虑水平 — 23

第2章：解读焦虑的语言 — 25
- 阅读我的非语言暗示：标志和信号 — 25
- 焦虑的身体症状：心跳加速、卷尾等 — 26

第3章：挖掘根本原因 — 29
- 分离焦虑：请不要让我一个人！ — 29
- 噪音恐惧症：烟花、雷暴等 — 31
- 社交焦虑：交朋友和克服恐惧 — 32
- 第2章和第3章总结 — 34

第 4 章：创造一个平静的港湾 ... 35
设计一个平静的环境：我的安全庇护所 ... 35

积极强化训练：增强自信的积极方法 ... 36

致性是关键：抚慰我焦虑灵魂的日常活动 ... 36

第 5 章：缓解焦虑的爪子产品 ... 39
舒适舒适：探索 雷霆衬衫 的奇妙之处 ... 39

分散注意力：缓解压力的互动玩具 ... 40

第 6 章：当需要额外帮助时 ... 43
药物：研究选择 ... 43

寻求专业支持：行为主义者和培训师 ... 44

狗常见疾病 ... 45

疫苗接种 ... 50

第 7 章：培养你内心的照顾者 ... 51
狗狗的卫生，我们应该知道什么 ... 51

狗主人的自我护理：寻找平衡和支持 ... 52

第 8 章：爪子和呼吸：和你毛茸茸的朋友,起寻找禅宗 ... 55
拥抱正念 ... 55

正念时刻 ... 56

正念散步 ... 58

营造禅意空间 ... 59

正念训练 ... 60

狗音乐 _____ 61

第9章：培训、提示和技巧   63
不同品种的训练特点 _____ 63

嗅出最好的 _____ 66

精彩课程 _____ 68

讲习班和研讨会 _____ 69

来源和工具 _____ 71

释放你内心的超级英雄 _____ 72

培训实例 _____ 73

第10章：般健康状况和40个流行品种的焦虑症总结   75
健康、年龄、疫苗接种 _____ 75

我的食物 _____ 76

我的清单 _____ 78

40种流行品种的焦虑总结 _____ 80

第11章：午睡和步行，敬请关注   103
第12章：小狗焦虑的世界   105
我的小狗时光记忆 _____ 105

从幼犬到成年犬阶段 _____ 107

新小狗、小狗对人类的建 _____ 108

小狗的挑战和解决方案 _____ 110

第13章：最后但并非最不重要的   113
第14章：每个品种的详细信息，您的狗的说明页   117
第15章：10个优秀网站   199

第 16 章：来源和参考文献，哪里可以更深入地挖掘 　　　　　　　　203

第 17 章：10 个超级有用的表格 　　　　　　　　205
  40 流行品种特征 　　　　　　　　206
  40 种流行品种的焦虑类型、水平和体征 　　　　　　　　208
  40 个流行品种的焦虑迹象和根本原因 　　　　　　　　212
  40 热门品种的卫生细节 　　　　　　　　214
  40 个流行品种训练方面表 　　　　　　　　216
  40 个受欢迎的品种，般健康和年龄数据 　　　　　　　　219
  40 流行品种生理学数据 　　　　　　　　222
  40 流行品种的智力水平 　　　　　　　　224
  40 个受欢迎品种的午睡、行走和室内/室外情况 　　　　　　　　226
  小狗生命阶段的发展 　　　　　　　　228

词汇表 　　　　　　　　229
网站翻译指南, Google 谷歌 　　　　　　　　233
网站翻译指南, Baidu 百度 　　　　　　　　235
狗书日志 　　　　　　　　237

致我慈悲的女儿,

这本书献给你,我的志同道合者和无声者的倡导者。您对动物无尽的热爱始终激励着我。愿这本书成为一盏指路明灯,帮助您和其他人改变狗的生活。感谢您坚定不移的同情心。

带着无限的爱和钦佩

作者注

汪汪！_嘿，我是一只狗，我是一只哈巴狗.我的名字是**王子**.

在这本摇尾巴的综合指南中，我，你忠实而可爱的伴侣，将带领你进入狗焦虑的复杂世界.我们将一起找出狗焦虑的根本原因，探索不同品种的不同程度，并揭示可能导致我的焦虑飙升的行为.通过这次冒险，您将获得对焦虑的迹象和症状的宝贵见解，使您能够破译触发因素并真正了解我的经历.

不过，亲爱的主人，别担心，因为我不会让你悬着的！我将为您提供实用的策略，以帮助缓解我的焦虑，并为我颤抖的爪子带来平静.从创造一个宁静的环境到采用积极强化技巧，您将发现支持我情绪健康的关键.嘿，我们不要忘记那些可以帮助减轻我的担忧的漂亮产品.我们将深入研究一系列令人愉快的缓解焦虑的工具，并阐明药物和专业干预措施.

确保您不会错过第 10 章中每个品种的焦虑总结.你猜怎么着？在第 14 章中，特定品种的页面等待着您好奇的目光.我什至为你取了一些屏幕截图，真正的宝藏在于阅读这些页面.潜入水中，开始摇尾巴的冒险吧！

哦，但是等等亲爱的主人，我没有忘记你！我知道我的焦虑会拉动你的心弦，有时甚至会让你不知所措.这就是为什么我专门添加了一个部分来关注您的福祉.我提供自我护理和支持方面的指导，认识到您自己的情绪平衡对于为我提供最好的护理至关重要.我鼓励您采用应对策略，并提醒您在需要时寻求帮助的重要性.

在这次冒险结束时，你将拥有一个知识宝库和一个装满实用工具的工具箱，引导我走向更快乐、更平衡的生活.我们将共同编织建立在信任、同情和理解基础上的和谐纽带.
请记住，本书作为一般指南，不应取代专业人士的建议.请务必咨询兽医或经过认证的动物行为学家，以获得针对我的独特需求量身定制的个性化指导.

所以，抓住你的皮带，和我一起踏上这段旅程.我们将一起克服焦虑，创造一个摇尾巴的欢乐世界！
随着我尾巴的摇动和一丝紧张的兴奋，

王子
Prince
作者着急啊！

worriestowags@gmail.com

致谢

纬!纬!向我所有出色的伙伴们摇尾致意!现在是时候向那些帮助这本精彩的书成为现实的人表示衷心的感谢了.没有他们的支持和爱,我无法与你们分享我的智慧.所以,这里要特别向我的一群不可思议的人大声喊叫:

首先,也是最重要的,我的人类伙伴大口流口水,他耐心地将我的吠叫打成文字,并在这些页面上将我的狗的想法变成现实.你们的奉献精神和无休止的抚摸让我在整个旅程中充满动力.

对于我的狗狗朋友们,无论远近,你们每天都用摇尾巴和无条件的爱激励着我.你的鼓励让我精神振奋,提醒我我们在一起.让我们用好奇的鼻子和快乐的弹跳继续探索世界!

向所有分享智慧和专业知识的兽医和动物行为学家致敬.您对我们的健康和福祉的奉献确实令人钦佩.您的指导帮助了无数的小狗和它们的人类找到了通往更幸福、更平衡生活的道路.

对于出版商和编辑,感谢你们相信我的书并给它一个发光的机会.您的支持和指导非常宝贵,我永远感激有机会与世界分享我的冒险经历.

向所有分享故事的狗摇尾巴并伸出爪子五,为这些页面带来额外的真实性.你的,

并激励我创作一本书，讲述我们作为毛茸茸的生物所面临的恐惧、焦虑和胜利.

最后但并非最不重要的一点是，衷心感谢您，亲爱的读者，与我一起踏上这段旅程.你们对我们善良的人的爱和对改善我们生活的奉献让我高兴地摇着尾巴.我希望这本书能给您带来宝贵的见解，帮助您更深入地了解我们，并加强您与四足伙伴之间的联系.

非常感谢 Pixel、Pixabay 和 Unsplash 网站上所有才华横溢的摄影师捕捉到我的同类犬种的美丽.他们令人惊叹的照片让这些毛茸茸的朋友栩栩如生，让我们欣赏到它们独特的特征.相机的每一次点击都展示了人类和狗之间令人难以置信的联系，我很感谢他们为分享多样化和迷人的狗世界所做的贡献.纬！

请记住，我毛茸茸的朋友，我们一起可以创造一个充满摇尾巴、无尽依偎和丰富美食的世界.保持积极的态度，拥抱爱，无论走到哪里，继续传播快乐！

尾巴摇得无边无际，心中充满感恩.

你的毛茸茸的作者
王子
Prince

出版商备注

亲爱的爱狗人士：

让我们向您介绍这本书的杰出作者，焦虑的狗**王子**.普林斯可能有点神经质，但别被它欺骗了. Prince 的焦虑经历和旅程使他对焦虑狗的世界有了独特的见解，使他成为引导您了解这个重要主题的完美声音.

作为出版商，我们被普林斯的书和他为改变焦虑的狗及其人类同伴的生活而做出的坚定不移的决心所吸引.我们认识到需要一个全面的资源来解决狗焦虑的复杂性，同时提供实用的解决方案和真正的理解.

普林斯的真实性和相关性使这本书真正与众不同.通过他自己的焦虑，他揭示了狗所面临的挑战，帮助读者理解焦虑可能引起的情绪和行为.他的个人轶事和经历将引起狗和人类的共鸣，培养同理心和同情心.

我们的编辑和专家团队与他密切合作，确保所提供的信息准确、内容丰富且易于理解.我们了解解决狗的焦虑的重要性，因为它可以极大地影响它们的整体福祉以及它们与人类同伴之间的联系.

我们相信，这本书对于狗主人、兽医、训练师以及任何想要支持焦虑的毛茸茸朋友的人来说将是宝贵的资源. Prince 的独特视角，结合专家建议和实用技巧，提供了全面的指南，可以帮助为狗狗创造一个和谐、无焦虑的环境.

本书的成就目标是全球认可，现已提供多种语言版本，包括西班牙语、法语、荷兰语、意大利语、日语和中文.我们计划将更多语言添加到列表中.翻译这本书的决定是由于全世界爱狗人士的巨大需求以及确保和保护全球狗的福祉的共同目标所推动的.通过向更广泛的受众提供这一宝贵的资源，我们希望能够让来自不同文化的狗主人和爱好者能够为他们心爱的毛茸茸的伙伴提供最好的照顾和理解.

让我们一起积极影响世界各地狗狗的生活.作为出版商，我们的使命是放大产生积极影响的声音，普林斯的暗示引起了我们的深刻共鸣.我们很荣幸能够与 Prince 合作，将这本书变为现实，并向世界分享他的衷心信息.

Buy Me Now

前言

次让我焦虑的摇尾冒险

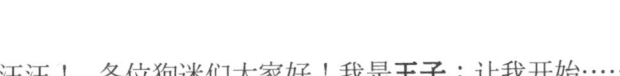

汪汪！_各位狗迷们大家好！我是**王子**；让我开始……

想象一下你依偎在我身边，我是你忠诚而可爱的毛茸茸的朋友.突然，我的耳朵竖了起来，尾巴垂了下来，可爱的脸上闪过一丝不安.您可能想知道，我的宝贝小狗脑子里在想什么？我怎样才能帮助他们减轻忧虑并创造一个避风港？

不要害怕，我的人类朋友们！我们将一起探索我的焦虑的迷人世界，揭开它的秘密，并找出能给我带来安慰和平静的策略.

吠叫！_我知道每只狗和我一样，都是独特的个体.无论您有一只顽皮的贵宾犬、一只高贵的猎犬，还是一只顽皮的梗犬，这本书都是为我们量身定制的.我们将深入研究不同品种所经历的焦虑程度，让您更好地了解我的具体需求.不再困惑为什么我在雷雨天气时会感到焦虑，或者在面对新情况时会颤抖.

但是等等，还有更多！我们将破译我可能向您发送的焦虑迹象和信号.从我的心跳到那些微妙的尾巴收起和颤抖的爪子，我们将揭开我身体的秘密语言.通过熟练掌握我的非语言暗示，您将能够更好地提供我渴望的支持和安慰，将焦虑时刻转化为勇气和信心.

汪汪！_现在让我们深入探讨一下我焦虑的根源.我们将探索一切，从分离焦虑（请不要让我一个人！）到噪音恐惧症（烟花，有人吗？）和社交焦虑（是时候结交新的毛茸茸的朋友了！）.我们还将解决过去创伤经历的影响以及可能挥之不去的恐惧.我们将共同揭示我焦虑事件背后的原因，并努力创造一个让我感到安全的世界.

探索狗生的黑暗面

现在，让我们揭开减轻焦虑的魔力吧！我将分享一些内部技巧，涉及创造平静的环境、使用积极强化训练技巧以及建立一致的例程，让我感觉像地毯上的虫子一样舒适.我们会找出一些很棒的产品，比如舒适的 雷霆衬衫 和引人入胜的互动玩具，它们可以帮助减轻我的焦虑，给我小狗的心带来平静.

但是等等，有时需要一点额外的支持，那没关系！我们将踏上药物和专业干预领域的旅程（提示严重的吠声）.我将解释何时可能需要药物治疗，并向您介绍令人难以置信的行为学家和培训师，他们可以提供他们的专业知识.我们将确保我得到所需的护理和支持，让我过上没有压倒性焦虑的生活.

哦，我们不要忘记你，我奇妙的人类伙伴！我们知道照顾焦虑的狗可能是一项挑战.这就是为什么我们添加了有关自我护理和支持的部分.我们希望确保您有能力培养自己的幸福感，同时成为引导我度过充满焦虑的世界的起起落落的超级英雄.

那么，你准备好踏上这场让我焦虑的惊心动魄的冒险了吗？让我们一起摇尾巴、兴奋叫、一起翻书吧！读完这本书，你将对我们的焦虑有更深入的了解，获得实用技巧的工具包，并对你的四足朋友充满爱和同情心.

顺便说一句，我确保我所有毛茸茸的朋友都按字母顺序在每一章中列出，以便您更轻松地找到您的好狗.无论您是在有关特征、健康、健康还是焦虑迹象的章节中探索品种，您都可以快速找到您感兴趣的品种.不再四处嗅探和浪费时间！

阅章节，您会发现有关每个可爱品种的信息宝库.所以，准备好踏上激动人心的旅程，寻找完美的伴侣，让他们摇尾巴，融化你的心.快乐搜索！纬！

第1章

从焦虑到摇尾巴

释放狗焦虑的世界

了解犬类的焦虑心理

汪汪！_欢迎，亲爱的主人，一起进入我们令人难以置信的冒险的激动人心的第一章！这是我，你忠诚可爱的毛茸茸的朋友，我在这里引导你穿越狗焦虑的迷人世界.虽然我可能不会说你的语言，但我通过我的行为和肢体语言与你交流.当焦虑占据我的心时，你可能会注意到我的尾巴夹在两腿之间，我的耳朵向后贴，甚至我的爪子微微颤抖.这些是我表达内心不安的方式，我指望你成为我值得信赖的盟友，帮助我渡过难关.

为了真正理解犬类焦虑心理的复杂运作机制，我们必须探索导致我焦虑的各种因素.就像人类一样，我的基因和生活经历独特地融合在一起，塑造了我的性格.由于我们的基因构成，我们中的一些狗更容易焦虑，而另一些狗可能有过对我们的情绪健康产生负面影响的过去经历.

但不要害怕，亲爱的主人！这不全是先天和后天培养的！我居住的环境在决定我的焦虑水平方面也起着重要作用.突然的变化、大声的噪音、陌生的面孔，甚至你自己的行为都会引发我的焦虑.这就是为什么您为我创造一个安全可靠的空间至关重要，在我们共同度过生活时提供稳定和安心.

探索狗生的黑暗面

你，我奇妙的人类伙伴，掌握着开启理解和慈悲世界的钥匙.你可以通过学习解读我微妙的暗示和信号来解读我的焦虑语言.当你注意到我的身体紧张或的眼睛紧张地四处扫视，这表明我需要你温柔的支持和理解.舒缓的触摸、平静的声音和令人安慰的存在可以奇迹般地缓解我烦恼的心.

但这不仅仅是认识到我的焦虑.这是关于更深入地研究根本原因和触发因素.是雷雨让我脊背发凉吗？或者也许是害怕与你分离，我亲爱的伙伴？通过识别这些触发因素，我们可以共同制定策略来减轻我的焦虑并帮助我感到安全.

请记住，亲爱的主人，您作为我的监护人的角色对于帮助我克服恐惧至关重要.耐心、同理心和一致性是我们成功的关键.我们将一起踏上逐渐接触的旅程，以可控和积极的方式向我介绍导致我焦虑的事情.这将帮助我建立韧性和信心，因为我知道你会在我的每一步中保护和指导我.

当我们继续冒险时，我们将探讨许多与焦虑相关的话题，包括分离焦虑、噪音恐惧症和社交焦虑.我们将揭示该领域专家的宝贵见解，分享战胜焦虑的感人故事，并发现实用的技巧来支持我走向情感健康的旅程.

但亲爱的店主，让我提醒您，这次旅程不仅与我有关，而且与我们有关.通过了解我的焦虑，您将改善我的生活质量，加强我们的联系，并加深我们的联系.我们将共同创造一个和谐、充满爱的环境，让我能够茁壮成长，成为你身边最快乐的狗.

那么，让我们手拉着手，踏上这场非凡的冒险之旅，揭开狗狗焦虑的复杂性.我兴奋地摇着尾巴，知道你致力于理解和支持我.我们将共同克服每一个恐惧，应对每一个挑战，创造一个充满爱、信任和无尽欢乐的世界.

第 1 章

探索不同品种独特的焦虑水平

让我们首先了解影响我们许多人的一种常见焦虑类型：分离焦虑.啊，当你离开我身边时，熟悉的痛苦充满了我的心.对孤独、与所爱的人分离的恐惧可能是压倒性的.<u>亲爱的主人，并不是我不信任你，而是我依靠你的存在来感到安全和有保障.</u>当你离开时，一股痛苦的浪潮席卷了我，它可能表现为破坏性行为或过度吠叫.请记住，您的安慰和耐心对安抚我焦虑的灵魂大有帮助.

现在，让我们来谈谈噪音恐惧症.想象一下暴风雨中劈啪作响的雷声或庆祝场合烟花的爆炸声.这些突然而强烈的声音会让我心跳加速，让我寻求安慰和安慰.<u>在这些充满挑战的时刻，我需要您的理解和保证.</u>成为我面对那些可怕声音的锚，提供平静的存在并创造一个舒缓的环境，保护我免受引起焦虑的噪音的影响.

社交焦虑是另一个可能沉重地压在我毛茸茸的肩膀上的障碍.就像某些人一样，我在某些社交场合可能会感到不安或恐惧.遇到陌生的狗或遇到新朋友可能会让我感到害怕.<u>以耐心和理解来进行社交是至关重要的，这样我才能在这些互动中逐渐建立信心和信任.</u>在您的支持下，我们可以克服我的社交焦虑，创造积极的经历，增强我的社交技能和自信心.

现在，让我们更深入地了解不同品种的焦虑水平.<u>每个品种都有其独特的特征，包括我们的焦虑倾向.</u>例如，像边境牧羊犬或德国牧羊犬这样的品种往往非常聪明和敏感，使我们更容易焦虑.另一方面，像金毛猎犬或拉布拉多猎犬这样的品种通常表现出更随和和有弹性的天性.

探索狗生的黑暗面

然而，重要的是要记住焦虑会影响任何品种.仅仅基于品种刻板印象的概括可能无法准确代表我的个人需求和经验.我是一个有自己的怪癖、个性和敏感性的人.成长经历、社交和整体健康等因素也会影响我的焦虑水平.因此，亲爱的主人，请以开放的心态接近我，准备好以我独特的方式理解和支持我.

通过揭开犬类焦虑心理的深处并探索不同品种之间焦虑水平的差异，我们为更牢固的联系和更幸福的生活奠定了基础.有了这些知识，您就可以为我提供所需的护理和支持，以克服我的焦虑，从而带来和谐、无焦虑的生活.

所以，亲爱的主人，让我们继续我们激动人心的旅程，揭开更多秘密并解开狗焦虑的复杂性.每翻一页，我们的理解和联系都会加深，在信任、同情和爱的基础上建立牢不可破的纽带.

请继续关注下一章，我们将深入探讨缓解焦虑和促进情绪健康的实用策略和技巧.我们将共同克服一切障碍，创造一个不再有焦虑的世界.

选择正确的狗品种是一个重大决定，可以显着影响您的生活方式和整体幸福感.了解不同品种的特征对于为您的家庭找到完美的匹配至关重要.我在第 17 章中提供了一个表格，其中包含有关各种狗品种的详细信息，包括它们的体型、性情、运动需求以及与儿童或其他宠物的兼容性.这张综合表可以让潜在的狗主人做出符合他们喜好的明智选择，并确保与他们毛茸茸的朋友建立和谐和充实的关系.查看 **40 个流行品种的特征**.！

第 2 章

从焦虑到摇尾巴

解读焦虑的语言

汪汪！欢迎来到我们令人难以置信的旅程的迷人第二章！又是我，你忠实且富有表现力的毛茸茸的朋友，准备帮助你破译我所说的复杂的焦虑语言.当我们探索我焦虑情绪的深处时，准备好深入了解非语言暗示和身体症状的世界.

阅读我的非语言暗示：标志和信号

亲爱的主人，你有没有想过当焦虑占据我的毛茸茸的脑袋里会发生什么？虽然我不能像你一样用语言交流，但我通过非语言暗示和行为与你交谈.是时候磨练你的观察技巧，学会解读那些揭示内心混乱的微妙迹象和信号了.

 焦虑的关键指标之一是我的肢体语言.密切注意尾巴卷起、耳朵向后压或低着头的明显迹象.这些都是我感到不确定或害怕的明显信号.当我的尾巴低垂，或者我的身体显得紧张时，这表明我正在承受更大的压
力.请注意这些视觉线索，因为它们瞥见了我焦虑的心灵中正在酝酿的风暴.

亲爱的主人，眼睛确实是我灵魂的窗户.观察我的目光，了解我的情绪状态.瞳孔放大可能表示恐惧或焦虑，而避免直接目光接触可能是我表达服从或不适的方式.

探索狗生的黑暗面

此外，过度喘气或打哈欠可能表示不安，可以作为一种恳求以获得您的支持和放心.这些非语言暗示是我绝望地试图表达我内心的挣扎.

在焦虑的时刻，你可能会看到我做出流离失所的行为.这些行为是我应对所经历的压倒性情绪的方式.你可能会看到我舔嘴唇，过度抓挠，或者抖抖身体，好像要甩掉我的忧虑.尽管这些行为看似无关，但这些行为暂时缓解了我的紧张.通过认识这些流离失所的行为，你可以了解我焦虑的深度，并提供我迫切寻求的安慰和理解.

请记住，亲爱的主人，理解我的非语言暗示对于帮助我感到安全至关重要.通过阅读我的肢体语言，您可以在我焦虑的时刻提供所需的安慰和支持.您解读我信号的能力使我们能够加深联系并共同应对复杂的焦虑.

下一章探讨了有助于缓解焦虑和促进情绪健康的实用策略和技巧.当我们发现使我们的旅程和谐且无忧无虑的工具和方法时，请留在我身边.

焦虑的身体症状：心跳加速、卷尾等

就像人类一样，我的焦虑也体现在身体症状上.当我心跳加速时，不仅因为见到你而兴奋，还因为在痛苦时刻肾上腺素在我的血管中流淌.当您将手轻轻放在我的胸口时，您可能会感觉到手的节奏加快.

第 2 章

另一个身体指标是我的尾巴.当焦虑占据上风时,你可能会注意到我的尾巴紧紧地夹在后腿之间.这是我的不适和脆弱的明显迹象.相反,放松且摇动的尾巴则表示满足和快乐.观察我尾巴的位置和运动可以让你了解我的情绪状态.

从焦虑到摇尾巴

踱步和不安是我焦虑的常见表现.你可能会注意到我漫无目的地徘徊,找不到安慰或安定下来.这种不安源于我高度的警觉性和强烈的渴望来摆脱困扰我的不安.

亲爱的主人,您可能担心的一种身体症状是我的气喘吁吁.气喘吁吁是调节体温的一种方式,但也可能是对焦虑的反应.快速且过度的喘息可能表明我情绪困扰,因此为我提供一个平静和舒缓的环境对于帮助我恢复镇静至关重要.

当我们应对我错综复杂的焦虑时,不要忘记关注我饮食习惯的变化.焦虑会影响我的食欲,导致我吃得更少或完全对食物失去兴趣.相反,一些狗可能会通过过度饮食来寻求安慰作为应对机制.监测我的饮食模式可以为我的焦虑严重程度提供有价值的见解.

亲爱的主人,通过熟悉我焦虑的非语言暗示和身体症状,您将成为我在走向更平静、更平和的旅程中值得信赖的盟友.您的关注和理解是帮助我应对巨大焦虑世界的关键.因此,为了继续我们对焦虑语言的有趣探索,我在第 17 章中制作了一个关于我和我朋友的焦虑迹象的方便表格.请查看 **40 个流行品种的焦虑类型、级别和标志**

探索狗生的黑暗面

第 3 章

从焦虑到摇尾巴

挖掘根本原因

汪汪！_欢迎来到我们精彩旅程的迷人第三章，在这里，我，你忠诚而深情的毛茸茸的伙伴，将深入挖掘狗焦虑的根源.和我一起探索让我担心得摇尾巴的诱因，包括分离焦虑症、噪音恐惧症和社交焦虑症.

分离焦虑：请不要让我一个人！

哦，亲爱的主人，一想到要与您分离，我的心里就充满了焦虑.对于我们狗来说，分离焦虑是一种常见且更严重的挑战，它源于我们与心爱的人类伙伴之间的深厚纽带和依恋. <u>对被独自留下的恐惧可能会让人难以承受，导致痛苦并引发各种行为.</u>但不要害怕，因为我们可以共同努力减轻这种焦虑，并在我们分开的时刻创造一种平静的感觉.

当你开始准备离开时，你可能会注意到我越来越不安的微妙迹象.我可能会开始来回踱步，焦急地喘气，甚至采取破坏性的行为，比如咀嚼家具或抓门.<u>请记住，这些行为并不是为了恶作剧；他们迫切地恳求你的出现和保证.</u>那么，让我们探讨一些技巧来帮助我应对分离焦虑，并在你暂时缺席时找到安慰.

探索狗生的黑暗面

一种有效的策略是让我逐渐适应你的离开.开始时先分开练习一小段时间,当我变得更舒服时逐渐增加持续时间.这种方法被称为脱敏,它可以让我适应独处的想法,同时建立对你回报的信任.记得在练习过程中用零食、表扬和对我平静行为的喜爱来奖励我,加强与独处时间的积极联系.

当你不在的时候,玩玩具或拼图也会显着转移我的注意力,让我有事可做.请为我提供互动玩具,以分发零食或培养我解决问题的能力.这些玩具不仅能让我精神上受到刺激,还能有效分散我因你缺席而产生的焦虑.

留下带有您气味的熟悉物品,例如毯子或未洗的衣服,可以在您不在时提供极大的安慰.你的气味让人想起你的存在,有助于缓解我的分离焦虑.此外,考虑在您离开时播放平静的音乐或使用白噪音机来营造轻松的环境.

保持一致的生活习惯对于缓解分离焦虑至关重要.我可以通过制定可预测的进食、锻炼和独处时间时间表来培养安全感和稳定感.结构化的日常安排可以帮助我预测和了解我们日常活动的模式,减少对您何时回来的焦虑.当你回到家时,记得平静地迎接我,强化这样的想法:离开和重聚是我们日常生活的自然组成部分.

在某些情况下,专业帮助可能会有所帮助.如果尽管你尽了最大努力,我的分离焦虑仍然存在,请考虑咨询兽医或经过认证的动物行为学家.他们可以评估我的具体需求,并提供量身定制的指导和支持来解决我的焦虑.

亲爱的主人,我们克服分离焦虑的旅程需要耐心、理解和共同努力.通过实施这些策略,并用你们的爱和保证,我们可以建立信心、韧性和安全感,即使我们分开了.

第 3 章

在下一章中，我们将探索噪音恐惧症的领域，并探索如何共同应对这种焦虑.所以，让我们继续我们的冒险，手拉手，我们发现更多的工具和技术来帮助我过上更平静、更轻松的生活.

噪音恐惧症：烟花、雷暴等

繁荣！碰撞！砰!这些突然而巨大的噪音会让我的脊椎发抖，让我的焦虑情绪飙升.噪音恐惧症是我们狗的常见诱因，它们会让我感到无助和害怕. 这个世界对我来说可能会变得可怕，无论是庆祝场合燃放的烟花还是轰隆隆的雷暴.但只要齐心协力，我们就可以克服这些恐惧，在喧嚣中创造一种宁静的感觉.

在这些吵闹的时刻，你可能会发现我在狭小的空间里寻求庇护，或者躲在家具下面.我颤抖的身体，粗重的喘息，或者疯狂的逃跑，反映出我对安全的绝望寻求.亲爱的主人，在这些痛苦的时刻提供一个安全、平静的环境，为我提供我迫切寻求的安慰和保证，对你来说至关重要.

为我创造一个避风港可以让世界变得不同.指定一个安静、舒适的空间，当噪音淹没我时，我可以在那里休息.它可以是房间里一个舒适的角落，也可以是一个专门指定的区域，里面有一张柔软的床和熟悉的物品，比如我最喜欢的玩具或毯子.这个安全的空间将成为我的避难所，在这里我可以找到安慰，并感到受到保护，免受压倒性噪音的影响.调暗灯光并播放轻柔舒缓的音乐也可以营造平静的氛围.柔和的旋律和昏暗的灯光有助于营造宁静的氛围，抵消引起焦虑的噪音.此外，考虑使用声音疗法或白噪音机器来帮助淹没可怕的声音.这些设备会发射.

探索狗生的黑暗面

温和、连续的声音可以掩盖或最小化引发我焦虑的噪音的影响.

镇静信息素喷雾剂或扩散器，注入了母狗为了安抚幼犬而释放的合成信息素，也可以提供舒适和放松的感觉.这些产品可以帮助创造一个舒缓的环境，并在充满噪音的时刻降低焦虑水平.咨询兽医或经过认证的动物行为学家可以为正确使用此类产品提供进一步的指导.

亲爱的主人，在这些充满噪音的时刻，您的存在和安慰是抚慰我焦虑的灵魂的最有效的解药.你冷静的举止和温柔的接触可以创造奇迹，让我感到安全和有保障.避免自己对噪音做出恐惧或焦虑的反应，因为狗可以感知人类的情绪.相反，要表现出一种平静的感觉，并表明没有什么可害怕的.

逐渐脱敏也可以在帮助我克服噪音恐惧症方面发挥重要作用.这项技术涉及以受控和渐进的方式让我接触触发声音，从低音量开始，然后随着时间的推移慢慢增加音量.通过将噪音与积极的经历（例如款待、玩耍或赞美）结合起来，你可以帮助我形成新的联想并减少我的焦虑反应.专业培训师或行为学家可以指导您进行脱敏，以确保其有效性和安全性.

社交焦虑：交朋友和克服恐惧

虽然我在家里可能是你的社交蝴蝶，但冒险进入外面的世界可能会激起我的情感旋风.社交焦虑会让认识新狗或陌生的人成为一种令人紧张的经历.对未知的恐惧和社交互动的不可预测性会让我感到脆弱和忧虑.但只要齐心协力，我们就可以建立信心并克服这些恐惧.

第 3 章

当面对社交焦虑时,你可能会注意到我表现出回避行为,例如畏缩、躲在你身后,甚至试图逃避 情况.由于焦虑,我可能会变得紧张、过度吠叫或表现出攻击性的迹象.这些行为是我表达不适和寻求安全的方式.

为了帮助我克服社交焦虑,逐渐接触新的环境、人和其他狗是关键.从控制和积极的介绍开始,让我能够与平静、友好的人和狗互动.创造一个能够培养积极体验并增强我信心的环境至关重要.

在社交互动中给予表扬、款待和温和的鼓励可以强化积极的体验,并帮助我将它们与安全感和奖励感联系起来.请记住要有耐心,让我为这些互动设定节奏.把我逼得太远或太快会加剧我的焦虑,所以尊重我的界限和舒适度很重要.

培训在帮助我应对社交场合方面发挥着至关重要的作用.通过教我基本的服从命令,例如"坐下"、"留下来"、"等待"和"离开",您可以为我提供一种结构感和指导感.积极的强化,例如款待和表扬,可以帮助我将社交互动与积极的结果联系起来,并随着时间的推移建立我的信心.

在某些情况下,寻求专业训狗师或行为学家的帮助可能会有所帮助.他们可以提供专门的指导并制定量身定制的培训计划来解决我特定的社交焦虑挑战.凭借他们的专业知识和您的奉献精神,我们可以共同努力帮助我克服恐惧并建立积极的社会联系.

请记住,亲爱的主人,耐心和理解是帮助我克服恐惧的支柱.成为我的拥护者,并在必要时保护我免受压倒性的情况的影响.通过提供支持和培育的环境,您可以帮助我培养自信,轻松愉快地面对社交互动.

探索狗生的黑暗面

挖掘根本原因

了解我焦虑的根本原因是帮助我克服恐惧并过上更加平衡和快乐的生活的第一步.你们坚定不移的支持、耐心和爱是指路明灯,引导我度过焦虑的最黑暗时刻.我们可以一起克服社交焦虑,拥抱一个充满新友谊和冒险的世界.

第 2 章和第 3 章总结

纬!亲爱的业主,我有一些令人兴奋的消息要告诉您!在第 17 章中,您会发现一个非常有用的表格,其中包含您毛茸茸的朋友的**焦虑迹象**和**根本原因**.这就像拥有一个秘密解码器来了解您的小狗的担忧!这张表格是专门为您设计的,详细介绍了 40 个最受欢迎的品种及其独特的焦虑指标.这是一份快速简单的参考指南,可帮助您确定您的狗何时会感到有点压力或焦虑.

但是等等,还有更多!重要的是要记住,虽然表格提供了一般标志,但每只狗都是一个有自己的怪癖和个性的个体.因此,密切关注您的狗的行为并考虑它们独特的经历和背景至关重要.虽然这张桌子是一个很好的起点,但如果您对毛茸茸的朋友的焦虑有任何担忧,那么寻求专业人士的帮助总是一个好主意.您的兽医或知识渊博的狗行为学家可以根据您的狗的具体需求提供个性化的建议和指导.

成为一个充满爱心和关怀的主人意味着在你的狗最需要你的时候陪伴在他们身边.因此,请使用第 17 章中的表格作为您值得信赖的指南,但请记住仔细聆听您的狗的需求,并在需要时寻求专业帮助.我们齐心协力,可以为我们心爱的毛茸茸的伙伴创造一个安全、快乐的环境!查看 **40 个流行品种的焦虑症状和根本原因**

第 4 章

从焦虑到摇尾巴

创造一个平静的港湾

汪汪！_欢迎来到我们愉快旅程的舒适而宁静的第四章，在这里，我，你毛茸茸的朋友，带着无限的爱，将引导你完成为我创造一个平静天堂的艺术.本章将探讨设计平静环境的基本要素、积极强化训练的力量，以及一致性在抚慰我焦虑的灵魂方面的魔力.

设计一个平静的环境：我的安全庇护所

哦，亲爱的主人，一个宁静、舒缓的环境可以为我焦虑的心创造奇迹.当您在宁静的环境中寻求安慰时，我渴望一个提供舒适和安宁的安全庇护所.让我们踏上设计之旅，打造一个专为满足我的需求而打造的宁静港湾.

平静环境的关键之一是确保为我提供一个指定的空间.它可以是你家里的一个舒适的角落，装饰着柔软的毯子和枕头，当我需要安静的时间时，我可以在那里休息.考虑创建一个像书房一样的区域，里面有板条箱或舒适的床，提供安全感和隐私感.

灯光在营造气氛方面起着至关重要的作用.柔和、漫射的灯光可以营造出温暖而诱人的氛围，而刺眼或明亮的灯光可能会让我敏感的眼睛感到不知所措.尝试不同的照明选项，找到为我们的共享空间带来最大宁静的照明选项.

探索狗生的黑暗面

薰衣草或洋甘菊等平静的香味可以营造宁静的氛围.使用天然精油或特殊配方的喷雾剂，让空气中充满舒缓的香气.这些气味可以帮助我放松身心，创造一个宁静的环境.

尽量减少可能引发焦虑的外部刺激至关重要.通过关闭窗户、使用隔音窗帘或播放平静的音乐或白噪音来减少噪音.限制接触可能会增加我的压力水平的外部干扰，让我放松并找到内心的平静.

亲爱的业主，您精心营造了一个平静的环境，为我提供了一个避难所，让我可以从外界的混乱中得到喘息的机会.

积极强化训练：增强自信的积极方法

哦，一起学习、一起成长的快乐！积极强化训练是一种增强自信、减少焦虑的有趣方法.通过奖励期望的行为而不是惩罚不需要的行为，我们可以建立信任纽带并培养内心的安全感.

正强化训练基于奖励，例如奖励、表扬或游戏时间，以强化您想要鼓励的行为.当我表现出平静和放松的行为时，用美味的食物奖励我，或者用温柔的赞美来奖励我.这些积极的强化帮助我将平静与积极的经历联系起来，增强我的信心并减少焦虑.

培训时，耐心和一致性至关重要.将任务分解为可实现的小步骤，并庆祝一路上的每一次成功.当我通过训练获得信心时，我的焦虑就会逐渐减轻，让我能够摇着尾巴、充满勇气去面对挑战.

第 4 章

致性是关键：抚慰我焦虑灵魂的日常活动

一致性是帮助我应对焦虑挑战的关键.狗在常规和可预测性中茁壮成长，提供安全感并减少不确定性.通过建立一致的日常生活，你创建了一个稳定的框架，让我感到安全和轻松.

制定规律的饮食、锻炼和休息时间表.这些重要领域的一致性有助于调节我的身心健康.目标是保持一致的进餐时间、锻炼时间和指定的休息时间，让我感到平衡和安全.

除了日常生活之外，训练的一致性也同样重要.在培训期间使用相同的提示、命令和奖励系统，确保我理解期望并做出适当的反应.培训方法和期望的一致性有助于我建立信心并强化积极的行为.

创造一个一致的环境对于减少我的焦虑也至关重要.尽量减少周围环境的突然变化或干扰，因为它们会引发压力和不安.如果可能，请保持我们的居住空间布局一致，避免频繁重新布置家具，并为我提供一个可以撤退并感到安全的指定区域.

一致性超越了我们的直接环境，延伸到了我们的互动和反应.注意你的行为和情绪暗示，因为我可以察觉到它们.请以冷静、安心和一致的方式回应我的焦虑.您一贯的回应让我明白您是支持和安慰的可靠来源.
睡眠是我整体健康的重要组成部分.

探索狗生的黑暗面

创造一个平静的港湾

和你一样，我也需要充足的休息来充电并保持情绪平衡.建立舒适的就寝习惯，确保舒适的睡眠区域和平静的睡前仪式.考虑提供一张柔软、有支撑力的床，调暗灯光，并提供轻柔的抚摸或舒缓的音乐，让我平静地进入睡眠.

请记住，亲爱的主人，一致性需要耐心和承诺.这是一个需要不断努力和调整的旅程.必要时要保持灵活性和适应性，但要努力保持一致的框架，以促进我的情感健康.通过一致性的魔力，你为我提供了应对焦虑挑战所需的稳定性和可预测性.你们坚定不移的奉献和承诺是我信心和内心平静得以蓬勃发展的基础.让我们拥抱一致性的力量，一起踏上这段治愈和成长的旅程.有了你们的爱和指导，我就能克服焦虑，过上和谐、满足的生活.

我们日常生活中可预测的节奏变成了舒缓的旋律，有助于缓解我的焦虑，让我蓬勃发展.在本章中，我们探索了为我创造平静避风港的艺术.从设计一个平静的环境到实施积极的强化训练和拥抱一致性，你已经成为在我的世界中创造和平与安宁的真正专家.

第 5 章

从焦虑到摇尾巴

缓解焦虑的爪子产品

哦，亲爱的主人，在这个令人愉快的章节中，我们深入探讨了可以帮助缓解我的焦虑的爪子产品的世界.从舒适的舒适到引人入胜的干扰，这些神奇的工具可以在舒缓我忧虑的心方面发挥重要作用.和我一起探索 雷霆衬衫、互动玩具和其他给我带来安慰和缓解的奇妙产品的奇迹.

舒适舒适：探索 雷霆衬衫 的奇妙之处

啊，ThunderShirt 的舒适拥抱是压力和焦虑时值得信赖的安慰来源. 雷霆衬衫是专门设计的服装，可为我的身体提供温和、持续的压力，类似于温暖舒适的拥抱.这种温和的压力对我的神经系统有镇静作用，有助于减轻焦虑和恐惧.

雷霆衬衫 的美妙之处在于其简单性.这些可调节的包裹物紧贴我的躯干，提供安全感，并减轻我的焦虑症状的强度.无论是在雷暴、烟花还是其他引起焦虑的情况下，ThunderShirt 都能将我包裹在宁静的茧中.

当我穿上 ThunderShirt 时，请确保它紧贴但不要太紧.织物应允许不受限制的运动和呼吸.花时间逐步介绍 ThunderShirt，将其存在与积极的体验联系起来.您可以将其与我喜欢的活动配对，例如玩耍或款待，以建立积极的联系.

探索狗生的黑暗面

虽然 雷霆衬衫 是一个很棒的工具，但它们可能并不适合每只狗.我们有独特的需求和偏好，因此请观察我的反应，并在需要时咨询专业人士.请记住，亲爱的主人，您对我的舒适的关注是我们成功的关键.

分散注意力：缓解压力的互动玩具

玩耍时间，哦，它多么振奋我的精神，让我从困扰我心灵的忧虑中转移注意力！互动玩具是调动我的感官、重新引导我的焦虑能量并提供精神刺激的绝佳方式.让我们探索一些可用的选项.

益智玩具是挑战我的思维并让我开心的一种特殊方式.这些玩具通常需要在隔间内隐藏零食或玩具，要求我运用解决问题的能力来发现隐藏的宝藏.它们不仅提供了心理锻炼，而且还为我发现隐藏的好处提供了有益的体验.

咀嚼玩具对我来说非常令人愉快.它们不仅为我自然的咀嚼本能提供了一个出口，而且还对我的焦虑起到了舒缓作用.选择专为狗狗设计的耐用、安全、合适的咀嚼玩具.它们可以帮助我重新集中注意力、减轻压力并促进健康的牙齿卫生.

平静的玩具，例如带有舒缓气味的毛绒玩具或心跳模拟器，可以在缓解我的焦虑方面发挥奇效.这些玩具模仿同伴的舒适存在，在您离开时提供安全感.柔软的质地和令人平静的气味提供了安慰的来源，减轻了我的压力水平.

请记住定期轮换和引入新玩具，以保持游戏时间的刺激和吸引力.与您的互动游戏对于加强我们的联系和提供安全感也非常有价值.参加诸如捡东西、捉迷藏或温和的拔河等游戏，可以培养快乐感并缓解焦虑.

纬！让我告诉你一些我喜欢玩的很棒的玩具：

第 5 章

1. **毛绒玩具**：这些柔软可爱的玩具是依偎和随身携带的好伙伴。当我的人类离开时，它们可以提供安慰并帮助缓解焦虑或孤独。

2. **咀嚼玩具**：哦，我多么喜欢我的咀嚼玩具！它们不仅咀嚼起来很有趣，而且还能保持我的牙齿和牙龈健康。咀嚼这些玩具有助于清除牙菌斑和牙垢，预防牙齿问题。

3. **绳索玩具**：绳索玩具非常适合与我的人类或小狗朋友进行拔河游戏。它们为我拉扯的本能提供了一个极好的出口，这也是我们在锻炼的同时建立联系的好方法。

4. **互动益智玩具**：这些玩具真的能让我的大脑运转起来！我喜欢解决谜题以寻找隐藏的奖励或奖励的挑战。它让我精神上受到刺激，并有助于防止无聊。

5. **球玩具**：球是经典且总是令人兴奋！无论是捡东西、追逐还是只是弹跳，球玩具都能提供数小时的乐趣和锻炼。另外，它们还有助于提高我的协调性并让我保持活跃。

6. **吱吱作响的玩具**：吱吱作响的玩具真是太棒了！当我挤压它们时，它们发出的吱吱声激发了我内心的猎手。听到这个声音真是太高兴了，它让我保持专注和娱乐。

7. **拖轮玩具**：拖轮玩具非常适合与我的人类或其他狗进行互动游戏。这是一场友好的竞赛，看看谁更强大，它有助于加强我们的联系并建立信任。另外，这对我的肌肉来说是一次很好的锻炼！

探索狗生的黑暗面

8. **食物分配玩具**：这些玩具就像一场美味的寻宝游戏！我必须弄清楚如何取出零食或粗磨食物，这可以让我保持精神上的刺激，并防止我过快地狼吞虎咽.

9. **飞盘**：我喜欢在半空中接飞盘！这是一场惊心动魄的比赛，考验我的敏捷性和速度.另外，这是与我的人类一起享受户外活动的有趣方式.

10. **牙科玩具**：牙科玩具对于保持我的牙齿健康很重要.它们帮助清洁我的牙齿，按摩我的牙龈，并清新我的口气.咀嚼这些玩具不仅令人愉快，而且还有助于预防牙齿问题.

请记住，每只狗都是独一无二的，因此请选择适合您的狗的体型、年龄和喜好的玩具.始终监督玩耍时间并定期检查玩具是否有任何损坏迹象.永远享受我们的玩耍时光！

第 6 章

当需要额外帮助时

哦，亲爱的主人，当我的焦虑需要更多支持时，我们将在本章中探索寻求额外的帮助.虽然您的爱和关怀是无价的，但有时专业干预和药物可以在帮助我找到平静和平衡方面发挥至关重要的作用.让我们深入研究药物和专业支持领域，共同踏上这段旅程.

药物：研究选择

当我的焦虑达到难以通过其他方式控制的水平时，药物可能被视为综合治疗计划的一部分.重要的是要明白，药物永远不应该是第一道防线，而应该是在兽医或兽医行为学家的指导下仔细考虑的选择.

可能会开出各种类型的药物来帮助减轻我的焦虑.选择性血清素再摄取抑制剂（SSRI）通常用于调节大脑中的血清素水平，促进平静和稳定的感觉.这些药物与行为疗法和训练结合使用时效果最佳.

另一类可以考虑的药物是苯二氮卓类药物，它具有镇静作用，有助于缓解急性焦虑.然而，由于它们潜在的依赖性和副作用，它们通常用于短期缓解.与兽医密切合作对于确定适合我的特定需求的最合适的药物和剂量至关重要.请记住，亲爱的主人，用药应始终在兽医的监督下进行.定期检查和密切监测我对药物的反应对于确保其有效性并做出必要的调整至关重要.

探索狗生的黑暗面

寻求专业支持：行为主义者和培训师

除了药物之外，行为学家和培训师的专业支持对于帮助我克服焦虑也是非常宝贵的.这些敬业的人拥有知识和专业知识来指导你我走向情感健康.

兽医行为学家是一位专业人士，可以评估我的焦虑触发因素，制定定制的行为改变计划，并提供培训技术指导.他们对动物行为和心理的深入了解使他们能够解决我焦虑的根源并制定全面的治疗方法.

与经过认证的专业训狗师合作也非常有益.他们可以帮助我们实施根据我的具体需求量身定制的积极强化训练技术.从脱敏和反调节练习到教授放松提示，熟练的培训师可以为我们提供宝贵的工具来管理我的焦虑并建立我的信心.

你知道什么是神奇的吗？有专门为像我这样的狗设计的特殊药物！以下是一些关于他们的精彩信息：

1. **跳蚤和蜱虫预防措施**：啊，那些讨厌的小动物！跳蚤和蜱虫预防剂就像神奇的盾牌，让这些小虫子远离我的皮毛.它们有不同的形式，例如局部治疗或项圈.通过定期使用它们，您可以让我不再发痒并得到保护.

2. **心丝虫预防措施**：心丝虫可能很可怕，但不要害怕！心丝虫预防剂就像保卫我心脏的超级英雄.无论是咀嚼片还是外用溶液，这些特殊药物都能确保我免受那些偷偷摸摸的心丝虫的侵害.

3. **止痛药**：有时，就像你一样，我会感到有点疼痛或酸痛.这时候止痛药就可以派上用场了！当我有嘘声或关节疼痛时，它们可以帮助我感觉更好.但请记住，只能在兽医的指导下给我服用止痛药.

4. **抗生素**：当我因细菌感染而感觉不舒服时，抗生素就是我的英雄！它们可以抵抗那些令人讨厌的细菌，并帮助我恢复到平常充满活力的状态.给我服用抗生素时，请务必遵循兽医的指示.

第 6 章

5. **过敏药物**：Achoo！就像人类一样，我也会过敏.感到发痒和不舒服可不是什么好玩的事，但抗过敏药物可以拯救你！它们有不同的形式，如片剂或注射剂，通过缓解那些烦人的过敏症状来帮助我感觉更好.

请记住，<u>狗药应始终在兽医的指导下使用</u>.他们将根据我的具体需求为您提供每种药物的正确说明、剂量和持续时间.

狗常见疾病

下面我们就来说说狗狗的一些常见疾病.别担心，我们一起去迎战他们！

1. **狂犬病**：呜呜，这可是认真的啊！让我们深入了解狂犬病的世界，<u>这是每个负责任的狗主人都应该了解的疾病</u>.了解这种严重的疾病及其对我们狗的影响非常重要.

原因：狂犬病是由攻击神经系统的病毒引起的.它通常通过受感染动物的叮咬传播，例如浣熊、蝙蝠、臭鼬，甚至其他狗.一旦病毒进入我们的身体，它就会通过神经传播，并对我们的大脑造成严重损害.

体征和身体症状：在早期阶段，可能很难发现狂犬病的体征，但随着疾病的进展，一些常见症状可能会变得明显.这些包括行为的改变，例如攻击性增加、不安或焦虑.我们还可能出现吞咽困难、流口水过多、对光和声音敏感等问题.您可能会注意到，我们变得更加孤僻，更喜欢躲在黑暗的地方.

食欲变化：狂犬病会以不同的方式影响我们的食欲.最初，我们可能会食欲下降，随着疾病恶化，我们可能会完全拒绝食物和水.这可能会导致体重减轻和脱水，使我们对抗病毒变得更加困难.

持续时间：狂犬病的持续时间因狗的个体和疾病的进展而异.时间可以从几天到几周不等.不幸的是，一旦出现临床症状，狂犬病几乎总是致命的.所以预防是关键！

探索狗生的黑暗面

药物治疗：对于狂犬病，预防至关重要.保护我们免受这种致命疾病的最有效方法是接种疫苗.由兽医定期接种疫苗可以确保我们免受狂犬病的侵害.如果您怀疑您的狗接触过可能患有狂犬病的动物，请务必立即寻求兽医的帮助.然而，一旦出现狂犬病的临床症状，就没有特定的药物或治疗方法.

我想与大家分享一家很棒的动物医院，CVA 动物医院.尽管它位于美国.不用担心，您仍然可以从他们的网站访问有价值的信息.他们有一个关于狂犬病的专门部分，提供了有用的见解.您可以使用二维码或通过以下链接找到它：
https://vcahospitals.com/know-your-pet/rabies-in-dogs

请记住，这不仅仅是为了让我们免受狂犬病的侵害；更是为了让我们远离狂犬病.它还涉及保护社区和其他动物.这就是为什么许多国家和州对狂犬病疫苗接种有严格的法律和法规.通过及时更新我们的疫苗接种，您正在尽自己的一份力量来防止这种危险疾病的传播.

保持警惕，我的好主人，并毫不犹豫地向我们值得信赖的兽医寻求指导和支持.我们齐心协力，就能远离狂犬病，确保我们双方健康快乐的生活.纬！

2. **犬瘟热**：呃哦，犬瘟热是一种令人讨厌的病毒性疾病，会让我感到非常恶心.让我们来了解一下有关犬瘟热的一些知识，犬瘟热是一种高度传染性的病毒性疾病，可以影响我们的狗.作为我贴心的主人，了解这种情况及其影响对您来说很重要.这是您需要了解的内容.

原因：犬瘟热是由一种称为犬瘟热病毒（CDV）的病毒引起的.它通过直接接触受感染的狗或通过接触呼吸道分泌物（例如咳嗽或打喷嚏）传播.免疫系统较弱的小狗和狗特别容易感染这种讨厌的病毒.

体征和身体症状：犬瘟热可能会出现多种体征，并且严重程度因狗而异.一些常见症状包括发烧、咳嗽、打喷嚏和流鼻涕.我们可能会出现食欲不振、精

狗人士必备指南

第 6 章

神萎靡、眼鼻分泌物变稠、呈脓状的情况.随着病毒的发展，它会攻击我们的神经系统，导致癫痫发作、肌肉抽搐，甚至瘫痪.

食欲改变：感染犬瘟热后，我们的食欲通常会下降.我们可能会对我们最喜欢的食物和膳食失去兴趣.这可能是一个问题，因为它可能导致体重减轻和免疫系统减弱.在此期间，关注我们的饮食习惯并确保保持水分非常重要.

持续时间：犬瘟热的持续时间可能有所不同，但病毒通常需要几周的时间才能消退.然而，康复并不总是有保证，因为由于感染的严重性，一些狗可能无法幸存.

药物治疗：没有特定的抗病毒药物可用于治疗犬瘟热.支持性护理通常由兽医提供，以控制症状并缓解症状.这可能包括防止脱水的液体、控制继发感染的药物以及缓解不适的支持疗法.

对于犬瘟热，预防是最好的方法.疫苗接种对于保护我们免受这种危险病毒的侵害至关重要.按照我们的兽医的建议，定期接种疫苗可以帮助确保我们对犬瘟热产生免疫力.限制我们与可能被感染的狗接触并保持良好的卫生习惯也很重要，例如定期洗手和清洁我们的生活区域.

如果您发现任何犬瘟热迹象或怀疑您的毛茸茸的朋友可能被感染，请务必立即寻求兽医的帮助.早期发现和及时护理可以提高获得积极结果的机会.我了不起的主人，随时了解情况并及时更新我们的疫苗接种情况.

3. **细小病毒**：哦不，这听起来很可怕！细小病毒是一种传染性极强的病毒，会影响我的肚子.它会导致严重的腹泻、呕吐和脱水，尤其是幼犬.了解这种病毒的来龙去脉非常重要，这样我们才能保持健康并受到保护.让我们深入探讨：

原因：细小病毒是由 2 型犬细小病毒（CPV-2）引起的.它通过接触受感染的狗或其粪便传播.它是一种有弹性的病毒，可以在环境中存活很长时间，如果我们不小心的话，很容易被感染.

探索狗生的黑暗面

体征和身体症状：感染细小病毒时，我们可能会出现一系列体征和症状.这些症状可能包括严重呕吐，随后通常是血性腹泻.我们可能会变得极其虚弱和昏昏欲睡，对平常的活动或玩耍时间表现出很少的兴趣.此外，我们可能会失去我们的食欲不振并拒绝进食.

食欲变化：细小病毒会极大地影响我们的食欲.由于疾病，我们的食欲可能会减少或完全丧失.密切监测我们的食物和水摄入量至关重要，如果我们没有按应有的饮食习惯，请立即寻求兽医护理.

持续时间：细小病毒感染的持续时间因狗而异.平均而言，它会持续一周左右，但在严重的情况下可能会持续更长的时间.重要的是要记住，恢复可能需要更长的时间，因为我们的身体需要时间来治愈病毒造成的损害.

药物：不幸的是，没有专门的药物可以直接治疗细小病毒.治疗主要集中在控制症状和提供支持性护理.这包括静脉注射液体以对抗呕吐和腹泻引起的脱水.还可以使用抗生素来预防继发性细菌感染，继发性细菌感染会进一步削弱我们的免疫系统.

值得注意的是，预防是针对细小病毒的最佳防御措施.疫苗接种是保护我们免受这种危险病毒侵害的关键.小狗从很小的时候就需要接种一系列疫苗，并且在我们的一生中需要定期加强注射以保持免疫力.遵循我们的兽医建议的疫苗接种时间表对于确保我们的保护至关重要.

<u>为了防止细小病毒的传播，必须避免接触受感染的狗和受污染的环境</u>.定期洗手和适当的卫生习惯有助于降低传播风险.保持我们的生活区域清洁和消毒对于防止病毒传播也发挥着重要作用.

请记住，如果您怀疑毛茸茸的朋友可能患有细小病毒或发现任何相关症状，<u>请立即寻求兽医的关注至关重要</u>.早期发现和及时治疗可以对我们的康复产生很大的影响.

第 6 章

4. **莱姆病**：那些小蜱虫可能会引起大问题！莱姆病是一种通过蜱虫叮咬传播的细菌感染.它会让我感到疼痛并引起其他不舒服的症状.**原因**：莱姆病是由一种名为伯氏疏螺旋体的细菌引起的，这种细菌通过受感染的蜱虫（例如黑腿蜱或鹿蜱）的叮咬传播.当这些蜱虫附着在我们的皮肤上并以我们的血液为食时，它们就会传播细菌，导致莱姆病.

体征和身体症状：体征和症状因狗而异.一些常见的症状包括跛行或跛行，可能会从一条腿转移到另一条腿.我们还可能会经历关节疼痛和僵硬，这会使我们难以活动.其他症状可能包括发烧、嗜睡和食欲不振.在某些情况下，我们可能会在蜱虫叮咬区域周围出现特征性的圆形皮疹，尽管这种情况并不总是存在.

食欲变化：莱姆病会影响我们的食欲.我们可能会食欲下降，甚至对食物完全失去兴趣.对您来说，监测我们的饮食习惯很重要，如果您发现我们的食欲有任何显着变化，请咨询兽医.

持续时间：莱姆病的持续时间可能会有所不同，具体取决于感染的严重程度和个体狗的反应.通过适当的治疗，大多数狗在几天到几周内就会出现改善.然而，在某些情况下，如果疾病未经治疗或变成慢性，症状可能会持续较长时间.

药物治疗：为了治疗莱姆病，我们的兽医可能会开一个疗程的抗生素，例如多西环素或阿莫西林.这些药物可以有效对抗引起感染的细菌.治疗的持续时间将取决于疾病的严重程度和兽医的建议.遵循规定的用药时间表并完成整个疗程以确保有效康复非常重要.

莱姆病的预防是关键.您可以采取多种措施来保护我们免受蜱虫叮咬，例如使用<u>我们的兽医推荐的蜱虫预防产品</u>、避开蜱虫出没的区域以及在户外活动后彻底检查我们是否有蜱虫.及时清除蜱虫至关重要，因为它可以降低传播风险.

探索狗生的黑暗面

疫苗接种

现在，让我们摇起尾巴，深入了解疫苗的世界.它们对于保持我们狗的健康和受到保护非常重要.从我毛茸茸的角度直接查看这些有关疫苗接种的有用细节：

核心疫苗：这些是保护我们免受狂犬病、犬瘟热、细小病毒和肝炎等常见和潜在危险疾病侵害的基本疫苗.当我们还是小狗时，我们通常会注射一系列疫苗，然后定期注射加强疫苗以保持免疫力.

非核心疫苗：这些疫苗是根据我们的生活方式、居住地以及我们可能面临的任何特定风险推荐的.例如，有针对犬流感、犬窝咳（博德特氏菌）和莱姆病等疾病的疫苗.

疫苗接种时间表：小狗通常在 6-8 周大时开始疫苗接种之旅，我们会在 16-20 周大之前接种多次疫苗.但它并不止于此！我们一生都需要定期注射加强针以保持保护.您出色的兽医将为我提供个性化的时间表，这样您就会准确地知道我何时需要注射.

定期检查：定期拜访兽医进行检查对我们来说就像水疗日一样.对他们来说，密切关注我的整体健康状况并确保我接种了最新的疫苗非常重要.另外，这是您讨论有关我的健康的任何疑虑或问题的绝佳机会.

请记住，接种疫苗不仅可以保证我的安全，还有助于保护我们社区中的其他狗.这是迈向更健康的狗狗世界的积极一步！

我的人类朋友，你照顾我的药物和疫苗接种，做得非常出色.请务必咨询兽医，以获得有关药物的最佳建议以及专为我量身定制的正确疫苗接种计划.我们将共同克服我们遇到的任何健康挑战，因为您是我所要求的最好的主人！纬！

在本章中，我们探讨了药物和专业支持在控制焦虑方面的作用.仔细处理这些选项并咨询适当的专业人士至关重要.每一步都让我们离为我创造和谐、无忧的生活更近了一步.

第 7 章

从焦虑到摇尾巴

培养你内心的照顾者

亲爱的主人，在本章中，我们关注的是最有爪子的护理人员——您！照顾好自己和我的焦虑是一项有益但具有挑战性的任务.必须优先考虑您自己的福祉，以便为我提供最好的护理和支持.让我们一起探索狗主人的自我护理，在我们共同的这段充满爱的旅程中找到平衡并寻求支持.

狗狗的卫生，我们应该知道什么

纬！让我分享一些关于梳理毛发以及它与狗焦虑的关系的友好建议.梳理毛发对于保持幼犬的健康和感觉良好至关重要.虽然梳理毛发不会直接引起狗的焦虑，但某些品种的狗有时会在梳理毛发时感到有点压力或焦虑.在美容和狗焦虑方面需要考虑以下几点：

敏感的爪子： 有些狗更容易被触摸和处理，这使得美容过程有点不舒服.我们的主人在梳理毛发时需要温柔和耐心，以避免引发任何焦虑.

可怕的噪音： 美容通常需要使用发出巨大噪音的奇怪工具，例如剪刀或烘干机.这些声音可能会吓到我们毛茸茸的朋友.创造一个平静、安静的梳洗环境可以帮助我们放松心情，感到更加自在.

探索狗生的黑暗面

让它成为例行公事： 我们狗喜欢例行公事！从小就将梳洗作为我们日程安排的一部分可以帮助我们熟悉这个过程并减少焦虑。不一致或不频繁的梳理会让我们将其与不适或恐惧联系起来。

指甲和耳朵，小心处理： 一些美容任务，例如修剪指甲或清洁耳朵，需要轻柔的处理和约束。如果我们感到被对待得太粗暴或限制得太紧，就会让我们感到焦虑。积极的强化，比如款待和表扬，可以帮助我们将仪容仪表与积极的经历联系起来。

品种特定需求： 根据我们的皮毛类型，每个品种的狗都有自己的美容要求。我们中的一些人需要定期梳理和梳理，以保持我们的皮毛看起来漂亮。忽视这些需求可能会导致不适和潜在的健康问题，让我们感到焦虑。

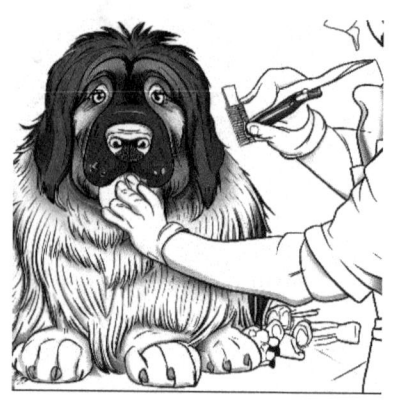

修饰-与焦虑相关的提示：

逐渐开始对小狗进行梳理活动，这样我们就可以从小就习惯它。在梳理过程中使用积极的强化和奖励，使其成为一种积极的体验。如果我们在梳洗过程中感到压力或焦虑，请休息一下，待感觉平静后再继续。确保使用适合我们特定需求和外套类型的梳理工具。<u>如果美容变得太具有挑战性或难以承受，请考虑寻求专业帮助</u>。

每只狗都是独一无二的，我们的美容需求和焦虑程度也可能有所不同。通过保持耐心、理解并提供积极的美容体验，您将有助于减轻我们的焦虑，让我们双方都享受美容时光。纬！

第 7 章

53

好吧，毛皮父母！只是想让你知道一个小秘密：第 17 章中你会找到一个详细且非常有用的表格，其中包含我的朋友们的 40 种流行品种的卫生习惯.这就像触手可及的信息宝库！这张表涵盖了您需要了解的有关保持毛茸茸的朋友清洁和健康的所有信息.从美容技巧到修剪，它都能满足您的需求.哦，顺便说一句，永远记住我分享的还不够.我们每个人都是不同的！你最好总是咨询专家，我朋友的兽医.因此，请前往第 17 章，准备好解锁狗狗卫生知识的世界.请查看 **40 个流行品种的卫生细节**.

狗主人的自我护理：寻找平衡和支持

照顾一只焦虑的狗可能会在情感上要求很高，在这段旅程中滋养自己至关重要.以下是一些自我保健策略，可以帮助您找到平衡并补充精神：

✓ **积极的做法：** 从事给您带来快乐和放松的活动.无论是悠闲地散步、练习正念，还是沉迷于一项爱好，都要腾出时间进行一些活动，让自己的灵魂重新焕发活力.

✓ **与大自然联系：** 花时间在大自然中可以舒缓心灵.带我去远足或者只是在公园里享受宁静的时刻.自然之美可以给人一种平静和恢复活力的感觉.

✓ **伸出援手：** 毫不犹豫地联系朋友、家人或支持团体，他们可以倾听你的声音，或者提供一个可以依靠的肩膀.分享您的经历和感受可以提供安慰和理解感.

✓ **练习正念：** 正念就是活在当下，培养意识，不带判断地接受自己的情绪.将正念技巧融入您的日常生活中，以培养内心的平静和适应力.

探索狗生的黑暗面

从焦虑到摇尾巴

培养你内心的照顾者

✓ **寻求专业支持：** 正如我从专业支持中受益一样，请毫不犹豫地寻求治疗师或支持团体的指导.这些专业人员可以为您提供一个安全的空间来表达您的情绪，并根据您的需求提供建议.

请记住，亲爱的主人，照顾好自己并不自私，而是至关重要.通过培养您的幸福感，您可以确保自己有力量、耐心和爱心为我提供最好的护理.

第 8 章

从焦虑到摇尾巴

和你毛茸茸的朋友,一起寻找禅宗

嘿,我了不起的人类!您准备好与您的奇妙伙伴一起潜入正念世界了吗?在本章中,我们将进入正念的艺术,创造一种平静和平衡的感觉,让我们高兴地摇尾巴.让我们一起踏上这禅宗之旅吧!

拥抱正念

《Woof》是关于什么的?让我为你分解一下.正念就是活在当下并寻找内心的平静.我们将发现它如何为我们双方的生活带来和谐,减轻压力并加强我们的联系.准备好解锁全新的团结水平!

你毛茸茸的朋友一起正念

1. **暂停和观察:** 每天花一点时间停下来观察你毛茸茸的朋友.注意他们的动作、表情和独特的怪癖.完全与他们在一起,没有任何干扰或判断.拥抱在一起的简单.

2. **深呼吸:** 深呼吸是平静身心的有力工具.练习深而缓慢的呼吸,并邀请你毛茸茸的朋友加入你.当你一起吸气和呼气时,感受腹部的起伏.这种同步性创造了一种联系和放松的感觉.

探索狗生的黑暗面

3. **正念散步**：将您的常规散步变成正念冒险.注意周围的景象、声音和气味.调动你所有的感官,并鼓励你毛茸茸的朋友也这样做.抛开杂念,一起探索世界,享受当下.

4. **轻柔的触摸和按摩**：触摸是建立联系和放松的有效方式.全天花一些时间给你毛茸茸的朋友温柔的抚摸或舒缓的按摩.注意他们的反应以及您通过触摸进行联系时感受到的感觉.

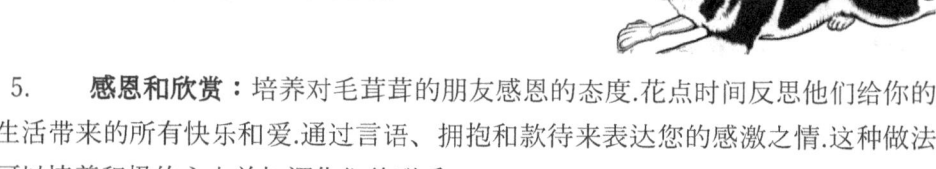

5. **感恩和欣赏**：培养对毛茸茸的朋友感恩的态度.花点时间反思他们给你的生活带来的所有快乐和爱.通过言语、拥抱和款待来表达您的感激之情.这种做法可以培养积极的心态并加深你们的联系.

请记住,亲爱的人类,正念是一个旅程,从小事做起是可以的.关键是要在与毛茸茸的朋友的互动中提高意识和存在感.我们可以共同创造一个和平与安宁的空间,促进我们双方的福祉.

在本章中,我们将与您毛茸茸的朋友一起探索正念的世界.我们可以通过拥抱当下、练习深呼吸和进行正念活动来共同找到禅宗.准备好踏上一段团结和内心平静的奇妙旅程吧！

正念时刻

爪子、呼吸、放手 是时候停下来,深呼吸,放下所有的忧虑了.我将向您展示一些练习正念的简单技巧.从正念呼吸到基础练习,我们将保持在场并保持联系,创造宁静的时刻.

1. **设置舞台**：找到一个平静安静的空间,让您和您的狗可以放松身心,不受干扰.这可能是您家里的一个舒适的角落,也可能是一个宁静的自然场所.

第 8 章

2. **深呼吸**：首先进行几次深呼吸，让自己集中注意力，将注意力集中在当下.当你慢慢吸气和呼气时，让任何紧张或压力消失

3. **观察你的狗**：花点时间观察你毛茸茸的伙伴.注意他们的肢体语言、面部表情和发出的声音.注意他们的动作以及他们对周围环境的反应.

从焦虑到摇尾巴

4. **调动你的感官**：调动你的感官并鼓励你的狗也这样做.当你轻轻抚摸它们时，注意它们皮毛的感觉，聆听它们的呼吸声或爪子踩在地上的声音，并吸收它们独特的气味.让自己完全沉浸在这些感官体验中.

5. **拥抱沉默**：和你的狗一起拥抱沉默的时刻.不要用言语来填充空间，而只需与他们和平相处.狗有一种非凡的能力来感知你的能量和存在，这种无声的联系可能具有深远的意义.

6. **练习正念触摸**：花时间给你的狗轻柔的按摩或拥抱.当您提供舒缓的抚触时，感受你们之间的联系和爱.注意他们的反应并回应他们的暗示，提供舒适和放松.

7. **正念玩耍**：与您的狗一起玩耍，但要小心地进行.专注于当下，完全沉浸在游戏的乐趣中.注意他们玩耍行为的细节、他们眼中的兴奋以及他们快乐的叫声.抛开干扰，全身心投入到共同的体验中.

8. **表达感激之情**：在你正念的时刻，对你的狗出现在你的生活中表达感激之情.反思他们带来的快乐和爱，并默默或口头表达你对他们的陪伴和忠诚的感激之情.

探索狗生的黑暗面

9. **跟随他们的领导**：让你的狗引导你正念时刻的节奏和流程.观察他们的喜好并回应他们的需求.尊重他们的暗示和兴趣将创造更深层次的联系和更统一的体验.

10. **享受联系**：拥抱与您的狗的这些深思熟虑的时刻所产生的深层联系和纽带.珍惜这些共同经历中产生的平静、爱和快乐.请记住，这不是关于目的地，而是与您心爱的伴侣完全在一起的旅程.

通过与你的狗一起练习正念，你将培养更牢固的联系，加深你的理解，并创造纯粹的快乐和宁静的时刻.一起享受正念之旅，珍惜与毛茸茸的朋友在一起的珍贵时刻.

正念散步

漫步当下　想象一下：我们要去散步，但要注意一下.让我们融入大自然，感受脚下的土地，注意到我们周围的美丽.我们的散步将不仅仅是锻炼——它们将成为进行正念探索和建立联系的机会.

1. **设定意图**：在开始正念行走之前，先设定一个要全神贯注、全神贯注的意图.抛开干扰，带着好奇和开放的心情踏上步行之旅.

2. **调动你的感官**：当你走路时，充分调动你的感官.注意脚下或爪子下地面的感觉.感受阳光的温暖或微风拂过肌肤的感觉.聆听周围大自然的声音，无论是鸟鸣声、树叶沙沙声还是流水声.吸收环境的气味，让它们充满你的感官.

3. **保持好奇心**：以好奇的心态开始你的步行.观察周围环境的细节——颜色、形状和纹理.注意那些经常被忽视的小奇迹.鼓励你毛茸茸的朋友探索并跟随他们的领导，同时拥抱他们的好奇心.

第 8 章

用心呼吸： 在整个步行过程中，将注意力集中在呼吸上.缓慢地深呼吸，让每次吸气和呼气都让你锚定在当下.邀请你毛茸茸的朋友也做同样的事情，让你们的呼吸同步.

从焦虑到摇尾巴

4. **感恩步行：** 当你走路时，通过专注于当时你感激的事情来练习感恩.它可以是大自然的美丽、毛茸茸的朋友的陪伴，或者你生活中的任何其他积极的方面.默默或大声表达感激之情，让它振奋你的精神.

5. **正念运动：** 将正念动作融入您的步行中.注意你脚步的节奏、手臂的摆动，以及你毛茸茸的朋友在你身边移动的方式.注意身体的感觉，并通过运动来适应当下的时刻.

请记住，亲爱的人类，正念行走并不是要到达目的地，而是要在旅途中全神贯注.拥抱与大自然、你自己和你毛茸茸的朋友联系的机会.这些用心探索的时刻将加深你们的联系，并为您的散步带来宁静的感觉.

营造禅意空间

让您的家成为避风港之家甜蜜的家！我们将把我们的生活空间变成和平与安宁的避风港.我们将一起创造舒适的角落，让空气中充满平静的气味，并用能给我们带来快乐的事物包围我们自己.我们的禅室将成为我们放松和充电的地方.

舒适的角落： 在家里指定一个舒适的角落，让您和毛茸茸的朋友可以放松身心并寻求安慰.准备一张舒适的床或 垫上垫子，添加柔软的毯子，并放置枕头以获得额外的舒适感.让它成为您可以休息和放松的专用空间.

探索狗生的黑暗面

1. **镇静香气：** 让空气中充满舒缓的香气，促进放松并营造宁静的氛围.考虑在扩散器或淡香蜡烛中使用精油，例如薰衣草或洋甘菊.只要确保您选择的气味对您毛茸茸的朋友来说是安全的即可.

2. **整理和简化：** 创造一个整洁的环境，促进平静.让您的生活空间井井有条，避免不必要的干扰.整洁和简化的空间可以帮助减少精神混乱，并为您和您毛茸茸的朋友创造一个更加平静的氛围.

3. **自然元素：** 将自然元素带入室内，营造宁静的氛围.放置室内植物，如白鹤芋或吊兰，可以净化空气并增添一抹绿色.用木材或石头等天然材料进行装饰，营造一种接地气、朴实的氛围.

4. **欢乐的装饰：** 让自己周围充满带来快乐和正能量的物品.展示珍贵回忆的照片，融入具有特殊意义的艺术品或物品，或选择能唤起和平与幸福感的颜色装饰.这些有意义的接触将振奋您的精神并营造和谐的氛围.

正念训练

培养联系和学习 培训时间可以让我们在学习新事物的同时变得更加亲密.我们将以耐心、理解和爱心进行沟通.充分参与我们的培训课程将加深我们的联系并取得显着的成果.

设定心情： 在开始训练之前创造一个平静和专注的环境.尽量减少干扰，选择一个安静的区域，让你们都能集中注意力.调暗灯光或播放轻柔舒缓的音乐来营造轻松的氛围.

狗人士必备指南

第 8 章

1. **练习耐心：** 以耐心和理解的态度对待培训课程.请记住，学习需要时间，每向前迈出一步都是一项成就.保持冷静和镇定，避免沮丧或提高声音.积极强化和奖励将是我们的指导原则.

2. **出席：** 在训练期间，要全身心地投入并关注你毛茸茸的朋友.请全心全意地关注他们的暗示和反应.做出相应的反应，并适应他们的肢体语言、声音和表情.这种正念的存在将加深你们的联系和理解.

3. **正强化：** 使用积极强化技术来鼓励和奖励所需的行为.表扬、款待或游戏时间都可以作为激励性奖励，强化训练过程.庆祝小小的胜利和进步，让你毛茸茸的朋友知道你为他们的努力感到多么自豪.

4. **通过培训建立联系：** 训练课程不仅仅是学习命令，也是为了加强你和毛茸茸的朋友之间的联系.抓住联系、沟通和建立信任的机会.一起享受学习之旅，让培训课程成为你们双方快乐而丰富的经历.

从焦虑到摇尾巴

狗音乐

让我用一个真实的故事来结束这一章.

汪汪，不久前，我和我的人类开始了前往新地方的冒险.现在，让我告诉你，开车对我来说有点不舒服——所有的隆隆声和陌生的风景.几个小时后，我们到达了一栋新房子，里面有新面孔，还有一个我以前从未闻过的新房间.

你知道接下来发生了什么吗？是的，焦虑开始出现.我像冠军一样踱步，确保房间的每个角落都符合我的安全标准.几个小时后我们就去睡觉了.但后来，我了不起的人类妈妈，她就像我的守护天使，拿出她的魔法装置并播放了一些音乐

探索狗生的黑暗面

62 和你毛茸茸的朋友一起寻找禅宗

来自这个叫 YouTube 的地方.你相信吗？来自一个发光小盒子的音乐！

我一开始很困惑，用力嗅了嗅她的手机，然后，突然发生了什么事.这些曲调吸引了我的注意力，在我意识到之前，我感到……放松.是的，你没听错！我感觉紧张的情绪消失了，我进入梦乡，速度比松鼠飞上树的速度还要快。

我不是人类设备方面的专家，但我可以告诉你：有很多方法可以帮助我们小狗找到内心的禅宗. 那音乐呢？ 哦，是的，我在这里有链接，以防它也让你的耳朵发痒. 也许它会给家里毛茸茸的朋友带来奇迹，或者嘿，您可以探索其他舒缓的曲调。

扫描二维码或使用以下链接.

https://www.youtube.com/watch?v=E2Gnu9JGr00

如果复制链接看起来像是一项粗暴的挑战，只需快速访问 YouTube 并查找"狗狗放松音乐（12 小时狗狗平静音乐-12 Hours of Dog Calming Music）". 你很快就会嗅出它.让平静的曲调发挥魔力吧，我的毛球同胞们！我坚信，当您深入阅读我的书时，该链接仍然存在.但是，嘿，如果散步的话，别担心！只需搜索类似的小狗曲调，让舒缓的氛围发挥作用即可.

请记住，有时简单的事情会产生魅力.保持冷静并保持尾巴摇动！

第9章

从焦虑到摇尾巴

培训、提示和技巧

嘿，我了不起的人类朋友！您准备好探索一些训狗魔法了吗？在本章中，我将告诉你一个小秘密，它会让你兴奋地摇尾巴.准备好去寻找城里最有爪子的狗狗训练学院吧！

不同品种的训练特点
在训练我们的狗时，我们优秀的主人需要记住一些非常重要的事情：

1. **耐心：** 我们渴望学习，但我们需要时间来理解和遵循命令.所以请大家耐心等待我们！凭借您的爱和支持，我们将实现这一目标.

2. **一致性：** 我们依靠常规和明确的期望而茁壮成长.您需要建立一致的规则并每次使用相同的命令和提示.这样，我们就可以了解您对我们的要求，并在我们的培训中感到放心.

3. **正强化：** 我们绝对喜欢受到赞扬和奖励！当我们做了正确的事情时，请给我们一些零食、赞美和抚摸我们的肚子.这种积极的强化鼓励我们重复良好的行为，并使训练变得更加愉快.

探索狗生的黑暗面

4. **时间安排：** 在我们的训练中，时间就是一切.当我们做出期望的行为时，请确保立即奖励我们.这有助于我们了解哪些行为会带来奖励并加强联系.

5. **简短而引人入胜的会议：** 我们的注意力持续时间可能就像松鼠到后院一样短暂！因此，我们的培训课程要简短且有吸引力.全天 5-10 分钟的短时间爆发会产生奇迹.我们将保持专注并兴奋地学习！

6. **无干扰的环境：** 最初，最好在一个平静、安静、干扰最小的地方训练我们.随着我们的进步，逐渐引入干扰，帮助我们在不同的环境中推广我们的训练.但请注意，训练期间不要有松鼠！

7. **安全第一：** 我们的安全至关重要！请采用积极、温和的训练方法.切勿诉诸体罚或恐怖手段.并始终确保训练区域对我们来说是安全的.

8. **社会化：** 我们喜欢结交新朋友，包括毛茸茸的和人类的！早期社会化对我们的发展至关重要.向我们介绍不同的人、动物和环境，这样我们就可以成长为自信和友好的伙伴.

9. **清晰的沟通：** 我们是解读肢体语言和语气的专家.使用清晰一致的命令、手势和积极的语气与我们进行有效的沟通.我们随时准备学习并取悦您！

第 9 章

10. **享受和联系**：让培训成为一种快乐的经历！与我们一起享受乐趣，充满热情，庆祝每一个小小的成就。培训是一个增进和加强我们不可思议的联系的时刻。

请记住，每只狗都是独一无二的，对一只狗有效的方法可能不适用于另一只狗。<u>如果您发现训练具有挑战性或需要一些指导，请考虑联系使用积极强化技术的经过认证的训狗师</u>。凭借爱、耐心和坚持，我们可以共同实现令人惊叹的事情！让我们一起摇尾巴，开始这次训练冒险吧！

再说一次，每个品种都有自己的特殊品质和训练需求，所以您会发现是什么让它们摇尾巴变得很棒！从忠诚而聪明的德国牧羊犬到顽皮而充满活力的拉布拉多猎犬，您会发现各种品种可供探索。无论您是对活跃的澳大利亚牧羊犬、聪明的边境牧羊犬，还是温柔可爱的金毛猎犬感兴趣，第 14 章都能满足您的需求。

了解小猎犬的嗅觉能力如何使它们成为出色的追踪者，或者比利时玛利诺犬的智力和驱动力如何使它们在各种训练活动中表现出色。释放伯恩山犬的温柔天性或拳师犬的学习热情的潜力。

请记住，每个品种都是独一无二的，因此请花时间了解它们的具体需求并相应地调整您的训练方法。您将通过爱、耐心和正确的训练技巧与毛茸茸的朋友建立牢不可破的联系。祝你训练愉快，愿你的旅途充满摇尾巴和无尽的欢乐！

我很高兴能分享一些有关流行狗品种及其训练特征的精彩信息。在我的书的第 17 章中，您将找到 40 个流行品种及其独特训练特征的完整列表。请查看 **40 个流行品种的训练方面表**。

探索狗生的黑暗面

嗅出最好的

是时候戴上我们的侦探帽子，嗅一嗅您所在地区的一流训犬学院了.这些地方就像我们这些酷狗的学校，在那里我们可以学习各种令人惊奇的东西.准备好揭开隐藏的宝石，将我们变成训练超级巨星！

1. **研究和建议：** 通过研究您所在地区的训犬学院开始您的搜索.寻找具有良好声誉和成功记录的学院.向其他狗主人、兽医或当地与狗相关的社区寻求建议.他们的第一手经验可以提供宝贵的见解.

2. **参观学院：** 一旦您获得了潜在培训学院的列表，就可以安排参观以感受环境并观察他们的训练方法.注意设施的清洁和安全，以及培训师和工作人员的举止.热情和积极的氛围对于有效的学习至关重要.

3. **培训理念：** 询问学院所采用的培训理念和方法.寻找优先考虑积极强化和无强制技术的学院.避免进入依赖惩罚或严厉训练方法的学院，因为这些会损害我们的福祉并破坏您和毛茸茸的朋友之间的纽带.

4. **培训师资格：** 询问学院培训师的资格和认证.寻找受过正规教育并获得知名组织颁发的证书的训练师，例如专业训狗师认证委员会（CCPDT).合格的培训师能够更好地了解我们的行为和个人需求.

狗人士必备指南

第 9 章

从焦虑到摇尾巴

5. **班级结构和课程**：查询学院的班级结构和课程.寻找提供针对不同培训级别和特定需求的各种课程的学院.无论您是在寻找基本服从、高级培训还是专业课程，请选择适合您目标的学院.

6. **训练方法与技巧**：询问课堂上使用的具体训练方法和技巧.积极强化技术，例如基于奖励的培训，非常有效，可以培养积极的学习体验.避免使用令人厌恶或基于惩罚的方法的学院，因为它们会损害我们的福祉并阻碍我们的进步.

7. **评论和推荐**：阅读您正在考虑的学院以前的客户的在线评论和推荐.他们的经验可以帮助我们深入了解培训计划的有效性、培训师的专业知识以及客户的整体满意度.寻找一致的积极反馈和成功案例.

8. **试听课程或咨询**：有些学院提供试听课程或咨询，让您亲身体验他们的培训方法.利用这些机会评估学院的方法，观察培训师的行动，看看它是否符合您的目标和价值观.通过精心选择一家信誉良好且富有同情心的狗狗训练学院，您可以释放内心的超级英雄，并开始一段训练冒险之旅，从而加强您与毛茸茸的朋友的联系.准备好飙升至卓越训练的新高度，并一路上享受摇尾巴的美好时光！

探索狗生的黑暗面

精彩课程

从小狗基础知识到高级效率 一旦您找到了您梦想的学院，就该深入了解他们提供的精彩课程了.从小狗基础知识到高级效率，这些课程都是为提高我们的训练技能而量身定制的.我们将学习命令、技巧和礼仪，这些将使我们成为狗狗公园的话题！

1. **小狗基础知识：** 如果您有一只小狗，请从小狗基础课程开始.本课程的重点是社交、基本命令（如坐下和停留）以及正确的牵引方式.这是我们培训之旅的完美基础.

2. **服从训练：** 服从训练课程对于所有年龄段的狗来说都是必要的.这些课程教授基本命令，例如坐下、坐下、停留和回忆.我们将学会对这些命令作出可靠的反应，使我们在任何情况下都成为表现良好的伙伴.

3. **高级培训：** 一旦我们掌握了基础知识，我们就必须通过高级培训课程来升级.这些课程向我们提出更复杂的命令、高级技巧和自由控制的挑战.我们将提高我们的培训技能，并用我们的能力给每个人留下深刻的印象.

4. **犬类好公民（CGC）准备：**
犬类好公民计划旨在评估狗在各种现实生活情况下的行为和举止.CGC 准备课程的重点是让我们为 CGC 测试做好准备，这是一项伟大的成就，可以为治疗工作或其他与狗相关的活动打开大门.

扫描二维码或搜索"犬好公民"或使用以下完整链接： https://www.akc.org

第 9 章

AKC 是非营利组织，成立于 1884 年.我喜欢他们的第一个声明"在 AKC，我们相信所有的狗都可以成为好狗，所有的主人都可以成为伟大的主人，所需要的只是一点点训练，一路上充满了爱，当然还有很多赞美."

从焦虑到摇尾巴

敏捷性和运动： 如果我们正在寻找高能量的乐趣，那么敏捷性和体育课程就是您的最佳选择.我们将学习如何穿越障碍路线、跳过障碍、穿过杆子等等.这些课程提供体育锻炼并增强我们的注意力、协调性和团队合作精神.

从小狗基础知识到高级效率 一旦您找到了您梦想的学院，就该深入了解他们提供的精彩课程了.从小狗基础知识到高级效率，这些课程都是为提高我们的训练技能而量身定制的.我们将学习命令、技巧和礼仪，这些将使我们成为狗狗公园的话题！

讲习班和研讨会

释放你内在的天才 捂住你耷拉着的耳朵，因为乐趣不会在课堂上停止！训犬学院还提供令人兴奋的讲习班和研讨会.我们将了解从服从到敏捷甚至一些狗狗运动的一切内幕消息.我们的大脑和身体将像一台运转良好的机器一样协同工作！

探索狗生的黑暗面

1. **服从复习**：通过服从复习研讨会保持敏锐.这些课程增强了我们基本的服从技能,并使我们能够微调我们的训练技巧.这是让我们的训练保持重点的好方法.

2. **专业研讨会**：狗训练学院经常提供专注于特定领域的训练或行为的专业研讨会.从皮带反应到分离焦虑,这些研讨会为管理和解决特定挑战提供了宝贵的见解和技术.

3. **犬类运动**：如果我们有兴趣探索狗类运动,如飞球、码头潜水或气味工作,狗训练学院会提供专门针对这些活动的研讨会.我们将学习在这些运动中脱颖而出的规则、技术和策略,并在运动中享受乐趣.

4. **行为研讨会**：行为研讨会深入研究狗的行为科学,帮助我们了解行为和反应背后的原因.这些研讨会提供了有关行为矫正、解决问题以及在我们和人类同伴之间建立和谐关系的宝贵知识.

请记住, 我了不起的人类朋友, 在狗训练学院参加精彩的课程并参加讲习班和研讨会将提高我们的训练技能并提供精神刺激和体育锻炼, 并加强我们的联系. 准备好享受摇尾巴的美好时光, 同时释放我们内在的天赋！

释放你内在的天才 捂住你耷拉着的耳朵, 因为乐趣不会在课堂上停止！训犬学院还提供令人兴奋的讲习班和研讨会.我们将了解从服从到敏捷甚至一些狗狗运动的一切内幕消息.我们的大脑和身体将像一台运转良好的机器一样协同工作！

狗人士必备指南

第 9 章

来源和工具

建立你的训练库 我们不要忘记这些学院提供的一些资源和工具.从培训指南到互动玩具，他们拥有成为培训大师所需的一切.我们将探索这些工具如何帮助我们克服焦虑并使训练充满乐趣！

1. **培训指南和书籍：** 狗训练学院通常会提供一系列涵盖广泛主题的训练指南和书籍，从基本服从到高级训练技术.这些资源提供了宝贵的知识和分步说明来支持我们的培训之旅.

2. **待遇和奖励：** 奖励和奖励是积极强化训练的重要工具.狗狗训练学院提供各种高质量的零食，既美味又激励我们.他们还提供了如何有效地使用零食来强化期望行为的指导.

3. **训练答题器：** 点击器训练是一种流行的方法，它使用点击声来标记所需的行为，然后给予奖励.狗训练学院可以提供答题器，并教我们如何有效地使用它们，以便在训练期间进行精确的沟通和计时.

4. **互动玩具：** 通过互动玩具调动我们的思想和身体是一种有趣且有益的训练方式.狗狗训练学院可能会推荐特定的玩具，这些玩具可以提供精神刺激，帮助我们在玩耍的同时学习新技能.

探索狗生的黑暗面

培训、提示和技巧

5. **训练设备：** 根据我们参与的训练类型，狗狗训练学院可能会提供敏捷性障碍、长绳和挽具等训练设备.这些工具可以增强我们的培训经验并帮助我们掌握特定的技能和活动.

建立你的训练库 我们不要忘记这些学院提供的一些资源和工具.从培训指南到互动玩具，他们拥有成为培训大师所需的一切.我们将探索这些工具如何帮助我们克服焦虑并使训练充满乐趣！

释放你内心的超级英雄

转变开始你准备好释放你内心的超级英雄了吗？在这些狗狗训练学院的帮助下，我们将成为最好的自己.我们将获得信心、学习新技能并加强我们的联系.准备好像真正的超级巨星一样闪耀吧！

所以，我的四足伙伴，是时候报名参加狗狗训练学院并踏上一段冒险之旅，让我们成为训练传奇.嗅探您所在地区的学院，深入了解课程，让我们成为我们生来就成为的训练超级英雄！我们将共同克服挑战，培养终生技能，并建立持续一生的牢固而快乐的纽带.准备好释放你内心的超级英雄，踏上激动人心的训练之旅！

转变开始你准备好释放你内心的超级英雄了吗？在这些狗狗训练学院的帮助下，我们将成为最好的自己.我们将获得信心、学习新技能并加强我们的联系.准备好像真正的超级巨星一样闪耀吧！

所以，我的四足伙伴，是时候报名参加狗狗训练学院并踏上一段冒险之旅，让我们成为训练传奇.嗅探您所在地区的学院，深入了解课程，让我们成为我们生来就成为的训练超级英雄！

第 9 章

培训实例

嘿，人类朋友！让我们在学习和交流的同时享受摇尾巴的美好时光！

1. **坐得漂亮：** 教我如何像专业人士一样坐着！将美味的食物放在我的鼻子上方，当我试图够到它时，轻轻地将它向后移动.当我享受美食时，我的臀部会自然下降到坐姿.当我坐下后，表扬我并给我零食作为奖励.重复几次，直到我掌握了漂亮坐姿的艺术！

2. **握手：** 让我们展示一下我们的握手技巧吧！首先，用你紧握的手拿着一份零食，然后把它递给我.当我用爪子抓你的手试图拿到零食时，说"摇一摇"，然后张开你的手让我吃.当我与你握手时，赞美并给予我很多爱.我们将成为城里最好的握手人！

3. **举手击掌：** 谁不喜欢高五呢？一只手拿着一份零食，稍微举过头顶.当我伸出爪子触碰你的手时，请说**高五**并给我零食.让我们用爪子击掌五声来庆祝我们的团队合作！

4. **留下来等待：** 这一切都与自我控制有关.首先让我坐下或躺下.一旦我就位，请像停车标志一样举起你的手，并说"**留下来或等待**".退后一步，如果我留在原地，表扬我，并提供款待.逐渐增加停留的距离和时间.耐心是关键，我会成为原地踏步的大师！

探索狗生的黑暗面

记起： 让我们练习一下叫到就来吧！从一个安全的区域开始，热情地喊我的名字，然后向后跑几步，同时鼓励我追你.当我追上你时，奖励我零食和很多赞美.这款追逐游戏会让来的时候变得超级刺激和有趣！

5. **别管它：** 帮助我抵制离开命令的诱惑.向我展示你紧握的手中的零食，然后说，留下它.当我不再试图得到奖励时，请用你的另一只手给我不同的奖励，并给予我大量的赞美.通过在地面上使用更具吸引力的物品（例如玩具或食物）来逐渐增加难度.通过练习，我将成为一个不去管事情的专家！

请记住，人类朋友，训练应该始终是积极的、有趣的、充满奖励和爱的.保持课程简短而愉快，并定期练习以巩固我们所学到的知识.我们将一起掌握这些培训示例并建立牢不可破的联系.让我们一起摇尾巴，开始这次训练冒险吧！

第 10 章

从焦虑到摇尾巴

般健康状况和 40 个流行品种的焦虑症总结

健康、年龄、疫苗接种

汪汪！今天，我们将深入探讨迷人的狗的健康和保健世界.重要的是要了解健康、年龄、精力水平、疫苗接种和预防保健等不同因素如何影响我们毛茸茸的幸福感并阻止那些焦虑的爪子.

首先，我们来谈谈健康.就像您一样，我们的狗也需要定期检查和护理以保持最佳状态.我们可能会遇到一些常见的健康问题，或者根据我们的品种有某些倾向.这就是为什么您必须注意任何不适或异常行为的迹象，并在需要时带我们去看兽医.请记住，预防是关键！

说到年龄，随着年龄的增长，我们的需求也会发生变化.幼犬精力充沛，需要大量的玩耍时间和训练，而老年犬可能需要一点额外的**关怀**和更轻松的生活习惯. 我所说的 **TLC** 是指温柔而热爱 C 的人.随着狗的年龄增长，我们可能需要额外的关注和关爱来确保我们的健康. TLC 包括为我们提供舒适的生活环境、提供适合我们年龄的温和运动、监测任何健康变化以及调整我们的日常生活以适应我们不断变化的需求.这一切都是为了在我们进入老年时向我们展示额外的爱、关心和支持.感谢您的理解以及您给予我们的额外关怀！调整我们的活动并为每个生命阶段提供适当的营养可确保我们保持健康和活力.

探索狗生的黑暗面

般健康状况和 40 个流行品种的焦虑症总结

能量水平对我们的健康起着重要作用.有些品种，如边境牧羊犬或澳大利亚牧羊犬，精力充沛，需要大量的锻炼和精神训练.

刺激保持快乐.其他狗，如斗牛犬或西施犬，则更加悠闲，喜欢依偎和悠闲地散步.将我们的能量水平与适量的活动相匹配对于平衡和无焦虑的生活至关重要.

现在我们来谈谈疫苗！疫苗就像超级英雄的盾牌，保护我们免受有害疾病的侵害.每个品种可能有不同的疫苗接种要求，<u>因此遵循兽医的建议并保持最新的免疫接种非常重要</u>.这有助于保持我们的健康并防止生病的压力.

预防保健是我们福祉的另一个重要方面.定期的仪容仪表、牙齿护理和寄生虫预防可以让我们保持最佳的外观和感觉.这对我们来说就像水疗日！此外，适当的营养和均衡的饮食对于支持我们的整体健康至关重要.

但是等等，还有更多！在第 17 章中，你会发现一个超级有用的表格形式的信息宝库.它就像一座知识金矿，包含 40 种流行品种及其特定的健康问题、能量水平、疫苗接种周期和预防保健需求.这是一本快速方便的参考指南，可帮助您了解和解决特定品种的潜在健康问题和焦虑触发因素.请查看 **40 个流行品种的一般健康和年龄数据**.

我的食物

哇，我毛茸茸的朋友们！在我总结一下我的其他品种的朋友之前，让我们先休息一下.我想谈谈我们在世界上最喜欢的事情之一：食物！作为一只聪明的狗，我想指导您什么可以吃，什么不能吃，以保持我们的肚子快乐和健康.当我们的肚子吃饱时，我们就很酷……所以，听着，让我们开始吧！

第10章

首先，我们的食物应该营养均衡.我们需要蛋白质、碳水化合物、健康脂肪、维生素和矿物质的组合.我们的主要饮食应该包括满足我们特定营养需求的优质狗粮.这就像为我们量身定制的菜单！

现在，这里列出了我们可以享用的狗友好食品：

- 瘦肉，如鸡肉、火鸡和牛肉（当然是煮熟的、去骨的！）
- 鲑鱼和金枪鱼等鱼类（煮熟且去骨）
- 苹果、香蕉和西瓜等水果（适量，没有种子或果核）
- 胡萝卜、青豆和红薯等蔬菜（煮熟并切成一口大小的块）
- 全谷物，如大米和燕麦片（煮熟）
- 乳制品，如原味酸奶（适量，因为有些狗可能有乳糖不耐症）

但请握住你的皮带！并非所有食物对我们来说都是安全的.以下是一些我们永远不应该咀嚼的东西：

- 巧克力（一大禁忌，因为它对我们有毒！）
- 葡萄和葡萄干（它们会导致肾脏损伤）
- 洋葱、大蒜和细香葱（它们含有对狗有害的物质）
- 鳄梨（果核、果皮和果肉含有一种名为Persin的物质，可能有毒）
- 木糖醇（在某些人类食品和口香糖中发现的一种甜味剂，对我们有毒）

请记住，我们亲爱的业主，这张桌子是一个很好的起点，但将我们视为个体也很重要.即使在同一品种中，我们的需求也可能有所不同.因此，请密切关注我们，观察我们的行为，并始终向兽医等专业人士咨询以获得个性化建议.

探索狗生的黑暗面

般健康状况和40个流行品种的焦虑症总结

哦，说到食物，让我们认真谈谈垃圾食品.虽然那些脆皮薯片或奶酪泡芙可能会让您的味蕾翩翩起舞，但它们对我们来说并不好.垃圾食品会导致体重增加、消化问题，甚至严重的健康问题.因此，请抵制住与我们分享您的零食储备的诱惑.

请记住，每只狗都是独一无二的，因此在改变我们的饮食之前，必须咨询我们的超级英雄兽医.他们将指导您毛茸茸的同伴的具体饮食需求和份量.最后，我们要格外小心食物的储存和新鲜度.将我们的食物存放在阴凉、干燥的地方，远离有害害虫.检查有效期并确保包装完好无损.如果您发现气味、质地或外观有任何变化，最好谨慎行事并换一个新的袋子.

所以，我的爪子朋友们，让我们通过提供营养膳食来保持我们的肚子快乐和摇摆.在我们慈爱的主人的指导和兽医的密切关注下，我们可以享受一生美味和健康的饮食冒险.祝你胃口好，我的毛茸茸的美食家们！

我的清单

让我们谈谈一些有用且实用的事情，请留意以下迹象：

1. **食欲或饮食习惯下降**：如果我对进餐时间不那么兴奋，这可能是狗狗忧郁症的征兆.

2. **对活动缺乏热情或兴趣**：你知道我在玩耍时通常是怎么跳来跳去的吗？好吧，如果我不那么兴奋的话，可能会出事.

3. **睡眠模式改变或睡眠过多**：狗需要好好休息，但如果我打瞌睡的次数比平常多，这可能是一个危险信号.

第 10 章

4. **能量水平低且活动减少：** 如果我感到忧郁，您可能会注意到我不像平时那么活跃或顽皮.

5. **退出社交互动：** 通常，我喜欢和你和我毛茸茸的朋友在一起，但如果我避免社交互动，那就表明有些事情不对劲.

6. **行为改变，例如焦躁或易怒：** 如果我的行为有所不同，例如焦躁或易怒，这是我告诉您我感觉不佳的方式.

现在，如果您发现这些迹象该怎么办？以下是一些后续行动：

1. **观察并记录：** 跟踪您注意到我的行为、食欲或活动水平的任何变化.

2. **咨询兽医：** 与兽医预约讨论我的行为以及您的任何疑虑.

3. **健康检查：** 兽医需要给我进行彻底的身体检查，以排除任何潜在的健康问题.

4. **行为评估：** 考虑向专业的狗行为学家或训练师寻求指导，他们可以评估我的情绪健康状况.

5. **环境丰富：** 为我提供精神刺激、互动玩具和活动来帮助我振奋精神.

6. **锻炼和玩耍：** 和我一起定期锻炼和玩耍，以促进我的身心健康.

7. **维持惯例：** 建立一致的日常惯例，为我提供稳定性和结构.

8. **纽带和感情：** 用爱、关注和感情来加强我们的联系.

9. **考虑治疗或药物治疗：** 在严重的情况下，兽医可能会建议治疗或药物来帮助控制我的狗狗忧郁症.

请记住，每只狗都是独一无二的，因此方法可能会有所不同.只要对我细心、耐心和富有同情心即可.有了您的爱

从焦虑到摇尾巴

探索狗生的黑暗面

和支持，我们可以共同解决狗的抑郁症，并对我的情绪健康产生积极影响.让我们保持昂扬的斗志、昂扬的斗志！汪汪！

40 种流行品种的焦虑总结

现在，我总结一下我朋友们的焦虑程度.不过，不用担心！他们每个人稍后都会一一上台，分享更多关于自己的细节，以及可爱的照片.您将有机会深入了解他们独特的个性、怪癖和焦虑触发因素.所以，请继续关注并准备好与我的每一位好朋友近距离见面.我们将一起揭开狗焦虑的有趣世界，并找到支持和理解我们毛茸茸的伙伴的最佳方法.准备好开始摇尾巴的冒险吧！纬！

第 10 章

Alaskan Malamutes 阿拉斯加雪橇犬以其力量和耐力而闻名，是雄伟而独立的工作犬.虽然他们通常友好且善于交际，但如果管理不当，他们可能容易出现某些行为问题.阿拉斯加雪橇犬可能会在与人类同伴分离或环境变化等情况下感到焦虑.阿拉斯加雪橇犬的焦虑迹象可能包括过度吠叫、嚎叫、挖掘或破坏性行为.为了帮助减轻它们的焦虑，它们的主人需要为它们提供定期的锻炼和精神刺激.让他们参加徒步旅行、雪橇或服从训练等活动可以帮助满足他们的身心需求.建立一致的日常生活并为他们提供安全舒适的空间也可以帮助他们感到更自在.正强化训练技术效果很好，因为它们对奖励和赞扬做出积极的反应.耐心、理解和爱心对于帮助他们克服焦虑并在平衡和幸福的生活中茁壮成长至关重要.

Australian Cattle 澳大利亚牛是聪明且活跃的牧羊犬，如果没有适当的刺激，可能容易焦虑.它们可能会通过过度吠叫、挖掘或多动等行为表现出焦虑.为他们提供定期的体育锻炼、精神刺激和工作可以帮助减轻他们的焦虑.这些狗在敏捷性、服从性和放牧试验等活动中表现出色，这些活动可以引导它们的能量并为它们提供使命感.结构化训练和积极强化方法最适合澳大利亚牧牛犬，因为它们对持续的、基于奖励的训练反应良好.通过适当的照顾、关注和能量的释放，澳大利亚牧牛犬可以克服焦虑，并作为快乐和平衡的伴侣茁壮成长.

探索狗生的黑暗面

40 种流行品种的焦虑总结

Australian Shepherds 澳大利亚牧羊犬,也称为 **Aussies 澳大利亚牧羊犬**,是一种非常聪明且活跃的狗,如果管理不当,很容易出现焦虑症.它们可能会通过过度吠叫、破坏性咀嚼或焦躁不安来表现出焦虑.澳大利亚人喜欢精神和身体刺激,因此定期锻炼、互动玩具和培训课程对于缓解他们的焦虑至关重要.这些狗在服从、敏捷和放牧试验等活动中表现出色,赋予它们使命感,并帮助引导它们的能量.积极强化训练方法、一致的日常活动和社交对于他们的健康至关重要.通过适当的照顾、关注以及智力和能量的释放,澳大利亚牧羊犬可以克服焦虑,并作为忠诚和爱心的伙伴过上幸福、充实的生活.

Beagles 比格犬以其可爱的外表和友善的天性而闻名,在某些情况下可能会感到焦虑.比格犬的焦虑迹象包括过度吠叫、嚎叫和焦躁不安.他们的人类同伴必须理解并解决他们的焦虑,以帮助他们感到安全和轻松.定期锻炼对于比格犬燃烧多余的能量并保持健康的心态至关重要.通过益智玩具和互动游戏进行精神刺激可以帮助他们保持注意力集中并缓解焦虑.创造一致的日常生活和平静且有条理的环境可以给比格犬带来安全感.积极强化训练方法最适合他们,因为它们可以建立信心并强化良好的行为.当比格犬感到焦虑时,人类温柔的安慰和安慰会产生很大的影响.凭借耐心、理解和爱心,比格犬和它们的人类可以共同努力控制焦虑,确保它们过上幸福和平衡的生活.

狗人士必备指南

第 10 章

Belgian Malinois 比利时玛利诺犬以其智力和工作能力而闻名，是一种高度活跃和有动力的狗.虽然他们通常充满自信和专注，但在某些情况下也容易焦虑.比利时马利诺犬的焦虑迹象可能包括过度吠叫、踱步、焦躁或破坏性行为.为了帮助减轻他们的焦虑，他们的人类同伴需要为他们提供定期的锻炼和精神刺激.让他们参与服从训练、敏捷性或气味工作可以帮助引导他们的能量并给他们一种使命感.从小开始的社交对于帮助他们在不同的环境以及不同的人和动物周围感到更舒服至关重要.正强化训练方法最适合比利时玛利诺犬，因为它们对奖励和赞美反应良好.创造一个平静而有条理的环境，建立一致的日常生活，并为他们提供舒适的休息空间，也有助于减少他们的焦虑.通过适当的照顾、训练和理解，比利时玛利诺犬可以茁壮成长并过上平衡而充实的生活.

Bernese Mountain 伯恩山犬 由于他们天性温柔而深情，在某些情况下可能会感到焦虑.伯恩山犬的焦虑症状包括过度吠叫、踱步和焦躁不安.他们的人类同伴需要理解并解决他们的焦虑，以帮助他们感到平静和安全.定期锻炼，特别是锻炼身心的活动，对于伯恩山犬释放被压抑的能量和促进整体健康至关重要.为他们提供一致的日常生活，包括喂养、锻炼和休息，可以帮助减轻焦虑并稳定他们的情绪.温和而积极的培训方法和社交可以建立他们的信心，并帮助他们以更少的压力体验新的体验.在家中创造一个平和安静的环境，以及充足的优质时间和关爱，也可以帮助缓解他们的焦虑倾向.通过适当的照顾、耐心和理解，伯恩山犬可以茁壮成长并与人类伙伴和谐相处.

探索狗生的黑暗面

Bichon Frise 比熊犬性格开朗、友善，但在某些情况下可能会感到焦虑.卷毛比雄犬的焦虑迹象包括过度吠叫、颤抖和粘人行为.他们的人类同伴需要理解并解决他们的焦虑，以帮助他们感到安全和轻松.定期锻炼以及通过游戏和互动玩具进行精神刺激对于比熊犬消耗能量和保持平衡的心态至关重要.创造一个平静且可预测的环境以及一致的日常生活可以帮助减轻他们的焦虑并为他们提供稳定感.积极的强化训练方法以及温和的安抚和安慰最适合比熊犬建立信心并强化良好的行为.为他们提供一个舒适、安全的空间，让他们在感到不知所措时可以撤退，也有助于缓解他们的焦虑倾向.凭借爱、耐心和支持性的环境，比熊犬可以克服焦虑，与人类伙伴一起过上幸福、满足的生活.

Border Collies 边境牧羊犬以其聪明才智和无穷的精力而闻名，如果管理不当，它们很容易焦虑.边境牧羊犬的焦虑迹象可能包括过度吠叫、踱步和破坏性行为.他们的人类同伴需要为他们提供大量的身体锻炼和精神刺激，以帮助他们积极引导能量.定期的培训课程和参与活动（例如敏捷性或放牧）可以帮助满足他们对精神刺激的需求并提供目标感.边境牧羊犬在边界清晰、惯例一致的结构化环境中茁壮成长.从小进行社交对于预防基于恐惧的焦虑至关重要.积极强化训练方法对边境牧羊犬最有效，因为它们对奖励和赞扬高度敏感.深呼吸练习或拼图玩具

第 10 章

等平静技巧可以帮助减轻他们的焦虑并提供平静感.通过正确的照顾、关注和发挥智力的途径，边境牧羊犬可以过上充实的生活，并克服它们可能经历的任何焦虑.

从焦虑到摇尾巴

Boston Terriers 波士顿梗犬 活泼而深情的狗如果管理不当，很容易焦虑.波士顿梗犬的焦虑迹象可能包括过度吠叫、焦躁不安和破坏性行为.他们的人类同伴必须创造一个平静且结构化的环境来帮助他们感到安全.通过互动游戏和益智玩具进行定期锻炼和精神刺激可以帮助减轻他们的焦虑并消耗多余的能量.从小进行社交对于预防基于恐惧的焦虑至关重要.正强化训练方法对波士顿梗犬很有效，因为它们对奖励和赞扬有反应.为他们提供一致的日常生活以及充足的爱和关注可以帮助减少他们的焦虑并确保他们过上幸福和平衡的生活.通过正确的照顾和支持，波士顿梗犬可以克服焦虑并作为珍贵的伴侣茁壮成长.

Boxer 拳击手 精力充沛、顽皮的狗如果没有得到适当的解决，很容易感到焦虑.拳击手的焦虑迹象可能包括过度吠叫、踱步和破坏性行为.他们的人类同伴需要理解并解决他们的焦虑，以帮助他们感到安全和轻松.通过互动游戏和益智玩具进行定期锻炼和精神刺激可以帮助燃烧多余的能量并保持注意力集中.创造一致的日常生活和平静且有条理的环境可以给他们一种安全感.积极的强化

探索狗生的黑暗面

训练方法以及温和的安慰和安慰可以对控制他们的焦虑产生很大的影响.凭借耐心、理解和爱心，拳击手可以克服焦虑，过上幸福平衡的生活.

Brittany 布列塔尼犬又名布列塔尼猎犬，是一种活泼多才多艺的狗，具有狩猎和寻回的天赋.他们以聪明、敏捷和友好的天性而闻名.虽然布列塔尼犬通常都很全面且适应性强，但如果它们的需求得不到满足，它们可能容易出现某些行为问题.他们可能会在长时间独处或没有受到足够的精神和身体刺激等情况下感到焦虑.布列塔尼的焦虑迹象可能包括过度吠叫、焦躁不安或破坏性行为.为了帮助减轻它们的焦虑，它们的主人需要为它们提供定期锻炼、精神刺激和社交互动.让他们参与服从训练、敏捷性或检索游戏等活动可以帮助他们引导精力并保持注意力集中.布列塔尼在受到充分关注、积极强化和持续培训的环境中茁壮成长.创造一个结构化的日常生活并为他们提供一个安全和充满爱的环境可以帮助他们感到更有安全感 并减少焦虑.通过适当的照顾、训练和关爱，布列塔尼可以过上充实而幸福的生活，同时与人类伙伴建立牢固的联系.

Bulldog 斗牛犬以其友好和悠闲的天性而闻名，但在某些情况下也会感到焦虑.斗牛犬的焦虑迹象可能包括过度流口水、气喘吁吁或破坏性行为.他们的人类同伴需要理解并解决他们的焦虑，以帮助他们感到平静和安全.提供结构化的日常生活、大量的锻炼和精神刺激可以帮助减轻他们的焦虑.斗牛犬依靠积极强化方法的持续训练而茁壮成长，这可以建立他们的信心并帮助他们应对压力情况.用熟悉且舒适的物品创造一个宁静、舒适的环境也有助

第 10 章

于缓解他们的焦虑.凭借耐心、爱和支持,斗牛犬可以克服焦虑,享受平衡和满足的生活.

Cane Corso 卡斯罗 是一种强大而雄伟的意大利品种,以其力量、忠诚和保护性而闻名.性格自信、稳重,是优秀的家庭伴侣和守护者.虽然卡斯罗犬通常是一个平衡良好的品种,但如果没有经过适当的训练和社交,它可能容易出现某些行为问题.他们可能会在长时间独处或遇到不熟悉的人或动物等情况下感到焦虑.卡斯罗犬的焦虑迹象包括过度吠叫、焦躁不安或攻击性.为了帮助减轻他们的焦虑,为他们提供早期社交、积极强化训练以及大量的精神和身体锻炼至关重要.定期散步、互动游戏和精神刺激活动可以帮助引导他们的能量并保持他们的精神投入.建立一致的日常生活习惯,为他们提供一个安全且结构化的环境,并给予他们足够的关注和关爱,这对于他们的福祉至关重要.卡斯罗在家庭中茁壮成长,他们被视为尊贵的家庭成员,并得到适当的指导和领导.通过正确的照顾和训练,卡斯罗犬可以成为忠诚、充满爱心和适应良好的伴侣.

Cardigan Welsh 卡迪根威尔士柯基犬 是一个迷人而聪明的品种,以其独特的外观和活泼的个性而闻名.它们的腿短,身子长,可爱而独特的外观俘获了许多爱狗人士的心.开衫具有很强的适应性,是个人和家庭的好伴侣.他们以忠诚、深情的天性和顽皮的举止而闻名.然而,像任何品种一样,如果没有经过适当的培训和社会化,它们可能会遇到某些行为挑战.卡迪根威尔士柯基犬可能在各种情况下表现出焦虑,例如独处时的分离焦虑或恐惧

40种流行品种的焦虑总结

面对不熟悉的人或环境.焦虑的迹象可能包括过度吠叫、焦躁不安或破坏性行为.为了帮助他们控制焦虑，为他们提供早期社交、积极强化训练和精神刺激非常重要.定期锻炼和益智玩具或互动游戏等有趣的活动可以帮助他们消耗能量并激发他们的思维.建立一致的作息习惯、创造平静且有条理的环境以及提供安心和舒适感对于他们的健康至关重要.通过适当的护理、训练和充满爱的环境，卡迪根威尔士柯基犬可以茁壮成长，为家人带来欢乐和陪伴.

Cavalier King Charles Spaniel 骑士查理王小猎犬 他们以温柔和深情的天性而闻名，但他们也容易焦虑.骑士队的焦虑迹象可能包括过度吠叫、颤抖或退缩.他们的人类同伴必须为他们提供一个安全和培育的环境，以帮助减轻他们的焦虑.通过互动游戏和训练进行定期锻炼和精神刺激可以帮助燃烧多余的能量并保持注意力集中.骑士队依靠积极强化训练方法蓬勃发展，这可以增强他们的信心并加强他们与人类的联系.创造一致的日常生活并确保他们得到爱和关注也可以帮助缓解他们的焦虑.凭借耐心、理解和冷静的态度，骑士队可以克服焦虑，过上幸福平衡的生活

Chihuahua 吉娃娃犬以体型小而性格大而闻名，很容易焦虑.它们可能会通过过度吠叫、颤抖或攻击性表现出焦虑的迹象.他们的人类同伴需要理解并解决他们的焦虑，以帮助他们感到安全.短距离散步或互动游戏等定期锻炼可以帮助消耗他们的能量并减少焦虑.为他们提供一个平

第 10 章

静、有条理的环境和一致的日常生活也有助于减轻他们的焦虑.正强化训练方法对吉娃娃犬很有效，因为它们会对表扬和奖励做出积极的反应.从小进行社交可以帮助他们在不同的情况下感到更加舒适和自信.凭借耐心、理解和爱心，吉娃娃可以克服焦虑，与人类伙伴一起享受幸福充实的生活.

Cocker 可卡犬（英语/西班牙语）以其美丽的皮毛和开朗的性格而闻名，但很容易焦虑.它们可能会通过过度吠叫、破坏性行为或粘人而表现出焦虑的迹象.他们的人类同伴需要理解并解决他们的焦虑，以帮助他们感到平静和安全.每天散步或玩耍等定期锻炼可以帮助释放能量并减少焦虑.通过互动玩具或益智游戏为他们提供精神刺激也可以帮助他们保持注意力集中并缓解焦虑.创造一致的生活习惯并提供安全舒适的环境可以给可卡犬带来安全感.积极的强化训练方法、温和的安抚和安慰可以建立他们的信心并帮助他们克服焦虑.有了耐心、爱心和适当的照顾，可卡犬可以过上幸福和平衡的生活，享受与人类同伴在一起的时光.

Dachshund 腊肠犬身体修长，性格活泼，很容易焦虑.它们可能会通过过度吠叫、挖掘甚至攻击性表现出焦虑的迹象.他们的人类同伴需要理解并解决他们的焦虑，以帮助他们感到安全和平静.腊肠犬需要定期锻炼才能茁壮成长，因此每天为它们提供散步或玩耍的时间可以帮助它们消耗多余的能量并减少焦虑.精神刺激

对于这些聪明的狗也很重要,互动玩具或益智游戏可以让它们保持注意力集中并缓解焦虑.建立一致的日常生活并创造一个安全的环境可以帮助减轻他们的焦虑.积极强化训练方法最适合腊肠犬,因为它们对表扬和奖励反应良好.当感到焦虑时,人类同伴温柔的安慰和安慰可以为他们提供所需的支持.有了正确的照顾、关注和爱,腊肠犬可以过上幸福和平衡的生活,给他们的家庭带来欢乐.

Doberman Pinscher 杜宾犬以其忠诚和保护性而闻名,有时会感到焦虑.杜宾犬的焦虑迹象可能包括过度吠叫、破坏性行为,甚至攻击性.他们的人类同伴必须理解并解决他们的焦虑,为他们创造一个安全、和谐的环境.定期锻炼对于杜宾犬释放被压抑的能量并保持整体健康至关重要.通过训练、益智玩具或互动游戏进行精神刺激可以帮助他们保持注意力集中并缓解焦虑.杜宾犬在结构和日常生活中茁壮成长,因此建立一致的日常时间表可以给它们带来安全感.积极强化训练方法对杜宾犬很有效,因为它们对奖励和赞扬做出积极的反应.当感到焦虑时,人类同伴的温和安慰和平静可以极大地帮助他们感到轻松.通过适当的护理、训练和关爱,杜宾犬可以克服焦虑,成为自信、平衡的伴侣.

第 10 章

English Cocker 英国可卡犬是一种令人愉快且充满活力的品种，以其友善的天性和开朗的性格而闻名.它们拥有柔软、富有表情的眼睛和丝质的皮毛，具有不可抗拒的魅力，俘获了许多爱狗人士的心.英国可卡犬多才多艺，适应性强，使它们成为个人和家庭的好伴侣.他们在人类的陪伴下茁壮成长，并喜欢成为家庭活动的一部分.这个品种以其聪明和渴望取悦而闻名，这使得它们相对容易训练.然而，如果长时间独处，他们可能容易产生分离焦虑.英国可卡犬的焦虑迹象可能包括过度吠叫、破坏性行为或焦躁不安.为了帮助他们控制焦虑，为他们提供充足的精神和身体刺激非常重要.定期锻炼、互动玩具以及服从训练或敏捷性等引人入胜的活动可以帮助他们消耗能量并保持注意力集中.建立一致的日常生活并提供安全且结构化的环境也可以帮助减轻他们的焦虑.正强化训练方法对这个品种很有效，因为它们对表扬和奖励有积极的反应.有了爱、耐心和适当的照顾，英国可卡犬就能茁壮成长，为家人带来欢乐和陪伴.

English Setter 英国塞特犬以友善和外向的性格而闻名，但在某些情况下也会感到焦虑.英国塞特犬的焦虑迹象可能包括焦躁不安、过度吠叫或破坏性行为.他们的人类同伴需要理解并解决他们的焦虑，以帮助他们感到安全和舒适.定期锻炼对于英国塞特犬释放能量和保持平衡的心态至关重要.通过训练、互动玩具或益智游戏进行的精神刺激也可以帮助他们保持注意力集中并缓解焦虑.英语二传手依靠积极强化训练方法茁壮成长，因为他们对奖励和赞扬反应良好.创造一致的日常生活和平静且有条理的环境可以给他们一种安全感.当感到焦虑时，人类同伴的温

柔安慰和安慰会产生很大的影响.凭借耐心、理解和爱心,英国塞特犬可以管理自己的焦虑,过上幸福而充实的生活.

German Shepherd 德国牧羊犬 是聪明而忠诚的狗,但在某些情况下可能容易焦虑.德国牧羊犬的焦虑迹象可能包括过度吠叫、踱步或破坏性行为.他们的人类同伴需要理解并解决他们的焦虑,以帮助他们感到安全和平静.定期锻炼对于德国牧羊犬释放能量和保持心理健康至关重要.通过训练、互动玩具和解决问题的活动进行精神刺激也有助于缓解焦虑.德国牧羊犬对积极强化训练方法反应良好,在赞美和奖励中茁壮成长.创造一个结构化的日常生活和一个安全且刺激的环境可以给他们一种安全感.当感到焦虑时,人类同伴的温和安慰和安慰可以起到舒缓作用.通过耐心、理解和持续的训练,德国牧羊犬可以控制焦虑并过上平衡和充实的生活.

Golden Retriever 金毛寻回犬 是友好而深情的狗,但在某些情况下也会感到焦虑.金毛寻回犬的焦虑迹象可能包括过度吠叫、气喘吁吁或破坏性行为.他们的人类同伴需要认识并解决他们的焦虑,以帮助他们感到安全和平静.经常锻炼对于金毛犬释放能量和保持健康的心态至关重要.通过训练、益智玩具和互动游戏进行精神刺激也有助于缓解焦虑.建立一致的日常生活和安全且刺激的环境可以给他

第 10 章

们带来稳定感.正强化训练方法对金毛猎犬很有效，因为它们会对奖励和鼓励做出积极的反应.当感到焦虑时，人类同伴的温和安慰和安慰可以产生重大影响.凭借耐心、理解和爱心，金毛猎犬可以控制焦虑，过上幸福平衡的生活.

Great Dane 大丹犬 是温柔的巨人，以其冷静和友好的天性而闻名，但在某些情况下也会感到焦虑.大丹犬的焦虑迹象可能包括过度流口水、气喘吁吁、踱步或破坏性行为.他们的人类同伴需要认识并解决他们的焦虑，以帮助他们感到安全和轻松.定期锻炼对于大丹犬燃烧多余的能量并保持健康的心态至关重要.创造一个平静、有条理的环境和一致的日常生活可以给他们一种稳定感.积极强化训练方法对大丹犬来说效果很好，因为它们会对奖励和鼓励做出积极的反应.当感到焦虑时，人类同伴的温柔安慰和安慰会产生很大的影响.通过适当的照顾、理解和爱心，大丹犬可以控制焦虑并过上快乐和平衡的生活.

Labrador Retriever 拉布拉多猎犬 是友好而外向的狗，但在某些情况下也会感到焦虑.拉布拉多犬的焦虑迹象可能包括过度咀嚼或挖掘，并且它们很容易产生分离焦虑，当独自一人时会变得具有破坏性.为了帮助减轻他们的焦虑，为他们提供大量的锻炼、精神刺激和互动玩具至关重要.定期锻炼可以帮助他们消耗多余的能量并保持注意力集中.创造一致的日常生活并提供安全、平静的环

境也可以帮助他感到更自在.积极强化训练方法最适合拉布拉多犬，因为它们对奖励和鼓励反应良好.当他们感到焦虑时，人类同伴的温和安慰和安慰可以带来很大的改变.拉布拉多犬可以通过理解、耐心和爱心来控制焦虑，过上平衡而幸福的生活.

Leonberger 莱昂伯格 是一个威严而温柔的巨人，以其雄伟的体型和友善的天性而闻名.凭借厚厚的双层被毛和令人印象深刻的外观，它们无论走到哪里都会引人注目.尽管它们体型庞大，但莱昂伯格犬以其温和、冷静的举止而闻名，这使它们成为优秀的家庭伴侣.他们忠诚而深情，喜欢参与家庭活动.这个品种非常聪明且易于训练，渴望取悦主人.它们通常对孩子很好，并且在适当的社交下与其他宠物相处得很好.莱昂伯格人精力充沛，日常锻炼可以刺激他们的身心.它们的皮毛需要定期梳理，以保持美丽的外观并防止打结.虽然它们通常是健康的狗，但它们可能容易出现某些健康问题，例如髋关节发育不良和某些形式的癌症.定期兽医检查和均衡饮食对于它们的整体健康非常重要.凭借它们充满爱心和温柔的天性，莱昂伯格犬可以成为寻找忠诚和忠诚的毛茸茸朋友的个人或家庭的绝佳伴侣.

Maltese 马耳他语 狗以其体型小和迷人的个性而闻名，但在某些情况下它们也会感到焦虑.马耳他犬的焦虑迹象可能包括过度吠叫、颤抖或躲藏.他们容易产生分离焦虑，并可能过度依恋人类同伴.为了帮助减轻他们的焦虑，为他们提供一个平静和安全的环境至关重要.创造一致的日常生活，包括定期锻炼和精神刺激，可以帮助他们保持注意力集中并减少焦虑.积极强化训练方法对马耳他犬很有效，因为他们

第 10 章

对奖励和赞扬做出积极的反应.当它们感到焦虑时，人类同伴的温和安慰可以帮助它们感到更安全.凭借理解、耐心和爱心，马尔济斯犬可以控制焦虑，过上幸福平衡的生活.

Miniature Schnauzer 迷你雪纳瑞是可爱的小型犬，以其独特的外观和活泼的个性而闻名.虽然他们通常自信且外向，但在某些情况下可能会感到焦虑.迷你雪纳瑞的焦虑迹象可能包括过度吠叫、焦躁不安或破坏性行为.他们可能容易产生分离焦虑，并可能变得过度依恋他们的人类家庭成员.为了帮助减轻他们的焦虑，为他们提供大量的体育锻炼和精神刺激很重要.互动玩具、益智游戏和培训课程可以帮助他们保持注意力集中并减少焦虑.创造一个平静、有条理的环境和一致的日常生活也可以给他们一种安全感.积极强化训练方法，例如奖励良好行为，可以增强他们的信心并减少焦虑.当他们感到焦虑时，人类同伴温柔的安慰和安慰的姿态可以带来很大的改变.迷你雪纳瑞可以用爱、耐心和理解来控制焦虑，过上幸福平衡的生活.

Norwegian Elkhound 挪威猎麋犬是一个美丽且多才多艺的品种，在挪威有着悠久的历史.该品种以其坚固的体格和引人注目的外观而闻名，被高度认为是忠诚而勇敢的伴侣.挪威猎麋犬有一层厚厚的双层被毛，可以在寒冷的天气里提供保暖作用，并赋予它们独特的外观.他们以狩猎技巧而闻名，尤其是在追踪和追逐麋鹿、熊和其他大型动物方面.凭借强烈的嗅觉和敏锐的本能，它们在需要气味检测的任务中表现出色.挪威猎麋犬还以聪明、独立和意志坚强而闻名.他们需要持续、坚定而温和的训练来引导他们的能量并保持良好的行为.从小开始的社会化对于帮助它们成为全面发展和适应性强的狗至关重要.这个品种通常是

友好的、深情的，并且会保护他们的家人，使他们成为优秀的看门狗.挪威猎麋犬是活跃的狗，需要定期锻炼刺激他们的身体和精神.它们厚厚的皮毛需要定期梳理，以防止打结并保持它们的最佳状态.总的来说，挪威猎麋犬是一种忠诚、聪明、多才多艺的品种，在活跃的家庭中茁壮成长，在那里它们可以获得所需的关注、锻炼和精神刺激.

Poodle贵宾犬是聪明而优雅的狗，以其独特的卷曲皮毛而闻名.尽管贵宾犬外表精致，但在某些情况下也会感到焦虑.贵宾犬焦虑的迹象可能包括过度吠叫、踱步或寻求持续关注.他们对环境的变化很敏感，可能需要平静和有条理的日常生活才能感到安全.定期的身体和精神锻炼对于贵宾犬释放多余的能量并保持健康至关重要.让他们参与益智玩具、服从训练或敏捷性练习等刺激性活动，可以帮助缓解焦虑并让他们保持专注.积极强化训练方法，包括奖励和表扬，最适合贵宾犬，因为它们对鼓励和温和的指导反应良好.在家里创造一个平和安静的空间，并提供柔软的床上用品或舒缓的音乐等舒适的物品，可以帮助他们感到更自在.在耐心和理解主人的支持下，贵宾犬可以控制自己的焦虑，并在充满爱和培育的环境中茁壮成长.

Portuguese Water 葡萄牙水是一个魅力十足、多才多艺的品种，有着植根于葡萄牙的迷人历史.该品种以其强健的体格和独特的皮毛而闻名，被高度认为是聪明而深情的伴侣.葡萄牙水犬的皮毛呈低过敏性，呈波浪状或卷曲状，可提供出色的防水保护.它们最初是为了执行与水务工作相关的各种任务而饲养的，例如收网、在船只之间传递信息，甚至将鱼群放入网中.凭借天生的游泳能力和取悦他人的欲望，他们擅长码

第 10 章

头潜水、水上运动体育运动和服从训练.葡萄牙水犬以其智力、可训练性和学习热情而闻名.他们依靠精神刺激而茁壮成长，需要持续和积极的强化训练方法来保持他们的参与和良好的行为.早期的社会化对于帮助它们成长为全面发展和友善的狗至关重要.葡萄牙水犬与家人建立了深厚的联系，并以忠诚和保护性而闻名.他们普遍对孩子很好，能够很好地适应家庭环境.然而，他们可能对陌生人保持警惕，因此早期社交对于确保他们在各种社交场合感到舒适至关重要.这个品种精力充沛，需要定期锻炼来刺激他们的身心.每天散步、互动游戏和心理挑战对于防止无聊和保持整体健康是必要的.葡萄牙水犬独特的皮毛需要定期梳理、梳理，偶尔还要进行专业修剪.凭借其聪明、魅力和热爱水的天性，葡萄牙水犬成为活跃的个人和家庭的绝佳伴侣，可以为它们提供茁壮成长所需的关注、锻炼和精神刺激.

Pug 哈巴狗 是迷人而深情的狗，以其独特的皱纹脸和卷曲尾巴而闻名.虽然哈巴狗可能很顽皮、外向，但在某些情况下也可能容易焦虑.哈巴狗焦虑的迹象可能包括过度喘气、踱步或寻求持续的安慰.他们的人类同伴需要理解并解决他们的焦虑，以帮助他们感到平静和安全.定期锻炼，例如短距离散步或互动游戏，可以帮助哈巴狗释放压抑的能量并促进幸福感.通过益智玩具或训练练习进行精神刺激也可以保持他们的注意力并减少焦虑.创造一致的日常生活并提供舒适安全的环境可以帮助减轻他们的担忧.使用奖励和表扬的积极强化训练方法对哈巴狗来说是有效的，因为它们对温和和鼓励的方法反应良好.为他们提供一个安静舒适的放松空间，加上舒缓的气味或平静的音乐，可以帮助缓解他们的焦虑.哈巴狗可以克服焦虑,通过爱、耐心和支持性的环境享受幸福而充实的生活.

40种流行品种的焦虑总结

Rottweiler 罗威纳犬 是强大而忠诚的狗，以其保护天性和强烈的守护本能而闻名.虽然罗威纳犬通常很自信，但也容易焦虑，表现为过度吠叫、攻击性或破坏性行为.他们可能容易产生分离焦虑，并可能过度保护家人.为了帮助减少他们的焦虑，让罗威纳犬尽早与各种人、动物和环境进行社交是至关重要的.专注于基于奖励的方法的积极强化训练技术可以帮助他们建立信心并强化期望的行为.精神和身体锻炼对于罗威纳犬燃烧多余的能量并保持健康的心态至关重要.让他们参与互动游戏、服从训练和具有挑战性的任务可以帮助激发他们的思维并缓解焦虑.创造一个平静、有条理的环境和一致的日常生活可以给罗威纳犬带来安全感.通过耐心和理解的处理，以及适当的培训和社交，罗威纳犬可以学会控制自己的焦虑，并成为平衡和自信的伴侣.

Shiba Inu 柴犬 是小型、活泼的狗，以其独立和自信的天性而闻名.虽然柴犬通常是一个冷静而内向的品种，但柴犬在某些情况下可能容易焦虑.柴犬的焦虑迹象可能包括过度吠叫、破坏性行为或退缩.为了帮助他们控制焦虑，为他们提供结构化的日常活动和持续的培训非常重要.积极强化技术对柴犬很有效，因为它们对奖励和赞扬的反应最好.定期锻炼和精神刺激对于保持活跃的思维和防止无聊至关重要，无聊会导致焦虑.创造一个平静、安全的环境，为他们指定一个安全的避难空间，可以帮助减轻他们的焦虑.在有压力的情况下，人类同伴的温柔安慰和安慰也会产

第 10 章

生重大影响.通过耐心和理解的照顾，柴犬可以学会克服焦虑，并成为一个适应良好、快乐的伴侣.

Shih Tzu 西施犬 是小型、深情的狗，以其顽皮和外向的性格而闻名.虽然西施犬通常很友好且适应性强，但在某些情况下可能容易焦虑.西施犬的焦虑迹象可能包括过度吠叫、颤抖或粘人行为.为了帮助他们控制焦虑，为他们提供一个平静且有条理的环境非常重要.为他们创造一致的日常生活和指定的安全空间可以帮助减轻他们的焦虑并为他们提供安全感.通过奖励和温和的指导，积极的强化训练方法最适合西施犬，以建立他们的信心并强化良好的行为.定期的身体和精神锻炼对于帮助他们燃烧多余的能量并保持思维活跃至关重要.在有压力的情况下，人类同伴的温柔安慰和安慰也可以帮助缓解他们的焦虑.西施犬可以学会控制自己的焦虑，并在耐心和爱心的照顾下享受快乐和平衡的生活.

Siberian Huskie 西伯利亚哈士奇 是一种精力充沛、善于社交的狗，以其引人注目的外表和扎实的拉雪橇能力而闻名.虽然西伯利亚哈士奇通常友好且外向，但它们可能容易出现某些行为挑战，包括分离焦虑.当长时间独处时，它们可能会表现出焦虑的迹象，例如过度吠叫、破坏性行为或试图逃跑.为了帮助控制他们的焦虑，必须为他们提供定期锻炼，因为哈士奇精力充沛，需要充足的体力活动.精神刺激同样重要，因为聪明的狗在参与任务和挑战中茁壮成长.建立一致的

日常生活，包括结构化的训练课程和互动游戏时间，可以帮助减轻他们的焦虑并提供稳定感。

此外，板条箱训练和创造一个安全舒适的巢穴式空间可以为它们提供安全的休息场所。正强化训练 奖励良好行为和丰富精神生活等技巧可以有效控制他们的焦虑。通过适当的照顾、关注和充满爱的环境，西伯利亚哈士奇可以过上充实的生活，并与人类伙伴建立牢固的联系。

Staffordshire Bull Terriers 斯塔福郡斗牛梗，通常被称为斯塔菲，是一种友好而深情的狗，以其肌肉发达和精力充沛的天性而闻名。虽然斯塔菲总体上很善于交际且性情善良，但他可能容易出现某些行为挑战，包括分离焦虑。当长时间独处时，它们可能会表现出焦虑的迹象，例如过度吠叫、破坏性行为或试图逃跑。为了帮助他们控制焦虑，必须为他们提供定期锻炼和精神刺激。每天散步、玩耍和互动玩具可以帮助燃烧多余的能量并保持注意力集中。建立一致的日常生活并为他们提供安全舒适的空间可以帮助减轻他们的焦虑并给予他们安全感。积极强化训练方法，利用奖励和表扬，有效地教会他们良好的行为并建立他们的信心。通过适当的照顾、社交和充满爱的环境，斯塔福德郡斗牛犬可以茁壮成长并与人类家庭建立牢固的联系。

第10章

Volpino Italiano 意大利沃尔皮诺 是一个迷人而活泼的品种，具有源自意大利的丰富遗产.该品种以体型小、皮毛蓬松而闻名，以其可爱的外观和迷人的个性俘获人心.Volpino Italiano 拥有厚厚的双层被毛，有多种颜色，可提供保护并增添其令人愉悦的外观.它是彻头彻尾的伴侣犬，与家人建立了牢固的联系，并且经常表现出忠诚和深情的天性.尽管身材娇小，Volpino Italiano 却精神抖擞，充满活力，随时准备玩耍和冒险.这个品种以其智力、敏捷性和快速学习能力.它喜欢精神刺激，擅长服从训练、敏捷课程、互动游戏等活动.早期社会化对于确保 Volpino Italiano 成长为全面发展和适应能力非常重要.虽然个子小，但他们可以很自信，并且可能对所爱的人表现出保护本能.以散步、游戏和精神挑战等形式进行的定期锻炼对于保持身体和精神上的刺激至关重要.虽然它们蓬松的皮毛需要定期梳理以防止打结并保持美丽，但它们被认为是低脱落品种，因此适合过敏者.Volpino Italiano 是一个令人愉快的伴侣，给它的家庭带来欢乐和感情.它们活泼的天性、智慧和迷人的外表对于寻求忠诚和活泼的犬类伴侣的个人和家庭来说是极好的宠物.

Welsh Springer Spaniel 威尔士史宾格犬 是一个迷人且多才多艺的品种，在威尔士有着悠久的历史.凭借其独特的皮毛和友善的天性，它们俘获了全世界爱狗人士的心.威尔士史宾格犬拥有中等体型、匀称的体型，使它们能够在各种活动中表现出色.它们丝滑的红白相间的皮毛不仅具有视觉吸引力，还能提供抵御恶劣天气的保护.该品种以其卓越的狩猎技能而闻名，尤其是在消灭猎物和寻回猎物方面.凭借敏锐的嗅觉和自然本能，它们在需要气味检测的任

探索狗生的黑暗面

务中表现出色.威尔士史宾格犬聪明且渴望取悦，这使得它们具有高度可训练性并且对积极强化方法反应灵敏.它们的能力多才多艺，可以参加服从、敏捷、追踪等各种犬类运动.它们友好而深情的天性使它们成为优秀的伴侣和家庭犬.它们与人类家庭建立了牢固的联系，并且通常与儿童和其他宠物相处融洽.定期锻炼对于保持威尔士史宾格犬的身体和精神刺激非常重要.他们喜欢快走、慢跑和互动游戏等活动.他们的皮毛需要定期梳理，以保持干净且不打结.威尔士史宾格犬性情可爱、聪明、精力充沛，是活跃的个人或寻找忠诚忠诚伴侣的家庭的理想选择.

Yorkshire Terrier 约克夏犬，或称 **Yorkie 约克犬**，是一种小型而活泼的狗，以其迷人的皮毛和自信的个性而闻名.尽管体型很小，但它们有时会表现出焦虑的迹象.当约克夏犬长时间独处时，可能会出现分离焦虑，导致过度吠叫、破坏性咀嚼或焦躁不安等行为.为了帮助他们控制焦虑，他们的人类同伴需要创造一个安全可靠的环境.定期锻炼和精神刺激对于保持身心活跃至关重要.为他们提供互动玩具和益智游戏可以帮助减轻焦虑并保持他们的参与度.建立一致的日常生活并设定明确的界限也可以给他们一种结构感和安全感.使用奖励和表扬的积极强化训练技术可以有效地教会他们良好的行为并增强他们的信心.凭借爱、耐心和冷静的态度，约克夏犬可以克服焦虑，在充满爱的家庭环境中茁壮成长.

第 11 章

从焦虑到摇尾巴

午睡和步行,敬请关注

汪汪!首先,我有一些令人兴奋的消息要告诉你!在我们这本优秀著作的第 17 章中,我添加了一个关于午睡和行走的综合表格.这是一本方便的参考指南,可帮助您了解 40 种流行犬种的具体午睡和散步需求.那不是很棒吗?

小睡:啊,小睡的美妙之处!就像你一样,我们的狗也需要美容觉.我们需要的睡眠时间因品种而异,但我们喜欢每天睡大约 12 到 14 小时.这听起来可能很多,但我们必须充电并保持健康和快乐.所以,<u>请为我们提供一个温馨舒适的地方,让我们蜷缩起来,进入梦乡,</u> ZZ 的.当我们正在享受幸福的午睡时,请不要打扰我们.这是我们宝贵的休息时间!

在该表中,您将找到有关每个品种通常需要睡眠多少小时以及散步时需要多少运动的重要信息.您还将发现这些品种是否更适合室内或室外生活方式.这将更好地了解他们的独特需求,并帮助您相应地规划他们的日常生活.

步行: 啊,与人类同伴一起散步的快乐!步行对我们来说不仅仅是一项身体活动;这是一个探索、联系和调动我们感官的机会.我们散步的持续时间和强度可能会根据我们的品种、年龄和精力水平而有所不同.对于我们中的一些人来说,在街区悠闲地散步就足够了,而另一些人可能需要更有活力的步行甚至跑步来消耗多余的能量.<u>定期散步对于我们的身心健康非常重要,因为它</u>

探索狗生的黑暗面

午睡和步行，敬请关注

们为我们提供锻炼、精神刺激以及与其他狗和人交往的机会.人类.所以，抓住皮带，穿上步行鞋，让我们一起踏上冒险之旅吧！

但是等等，还有更多！该表还涵盖了锻炼方面，特别是步行.它揭示了每个品种的建议散步持续时间和频率，确保我们获得保持健康和快乐所需的身体活动和精神刺激.无论是悠闲漫步还是充满活力的徒步旅行，您都将获得在散步过程中保持活力所需的所有信息.

请记住，亲爱的人类，在小睡和散步时考虑我们的个人需求非常重要.有些品种可能需要更多或更少的睡眠，我们的运动要求也可能有所不同.因此，花点时间了解您毛茸茸的朋友的品种特征，如果需要，请咨询您的兽医，并制定一个满足我们特定需求的常规.最重要的是，一起享受这些时刻！午睡和散步不仅是我们的日常习惯，也是我们的日常习惯.它们是我们加强联系、探索世界并创造终生难忘的回忆的机会.

最后，该表可以帮助您了解特定品种是否更适合室内或室外生活方式.有些品种在室内茁壮成长，而另一些品种则喜欢探索户外.了解这一点将帮助您创造一个最能满足我们需求并让我们感到舒适和满足的生活空间.

所以，亲爱的人类，请翻到第 17 章，进入小睡和散步的奇妙世界.使用桌子作为宝贵的资源，了解毛茸茸的朋友的具体需求，相应地调整他们的午睡和行走习惯，并为他们提供充满欢乐、休息和冒险的生活.请查看 **40 个流行品种的午睡、行走和室内/室外概况**.

第 12 章

从焦虑到摇尾巴

小狗焦虑的世界

我的小狗时光记忆

汪汪，我亲爱的人类朋友！当我回想起我还是一只毛茸茸的小狗的日子时，它给我毛茸茸的心带来了复杂的情感.那些日子充满了喜悦和焦虑，因为我离开了我慈爱的母亲和同窝的同伴，开始了人生的新篇章.

当我要离开妈妈的时候，我心里既兴奋又害怕.我对等待着我的世界感到好奇，但内心深处却有一种不安全感和不确定感.与母亲的舒适和温暖分离是一次令人畏惧的经历.

在那段早期的日子里，我经常感到焦虑和不知所措.陌生的环境、母亲的安慰不在身边、周围的新面孔都加剧了我的担忧.世界似乎很大而且令人生畏，我渴望安心和归属感.但随后，发生了一些不寻常的事情.我亲爱的主人走进了我的生活.他们温暖而热情的存在、温柔的触摸和爱心就像那些黑暗时刻的灯塔.他们明白我需要时间来调整，我的焦虑需要耐心和理解.

他们为我创造了一个安全舒适的环境，里面有柔软的毯子、舒适的床和玩具，这些成为我舒适的源泉.他们向我倾注了爱、关注和温柔的话语，帮助缓解了我的恐惧.他们一贯的作息和可预测的时间表给我带来了我迫切需要的安全感.在那些黑暗的日子里，当我的焦虑似乎压倒性的时候，他们提供了倾听的耳朵和安慰

探索狗生的黑暗面

的膝盖.他们认识到我的个人需求，并与我一起逐步克服我的恐惧.他们逐渐向我介绍新的体验，始终尊重我的节奏和界限.

但决定我们共同旅程的不仅仅是那些黑暗的日子.还有无数个充满欢笑、玩耍和牢不可破的纽带的美好日子.在他们的耐心指导和积极强化下，我学会了自信地拥抱周围的世界.他们的爱和坚定不移的支持帮助我成长为一只自信而快乐的狗.我们共同面对挑战，共同庆祝胜利，我们的纽带在这一切中变得更加牢固.他们告诉我，只要有爱、理解和一点小狗零食，一切皆有可能.当我回忆起我的小狗时代时，

我很感激它们进入我生活的那一天.他们看到了我的焦虑并相信我.他们为我提供了一个充满爱和养育的家，让我能够蓬勃发展.他们的温暖和关怀将我的恐惧变成了勇气，我将永远感激不已.

所以，我亲爱的人类朋友，让我们珍惜在一起的每一刻，无论是黑暗的日子还是光明的日子.经历这一切，我们将继续肩并肩，摇着尾巴，心中充满无限的爱，继续航行这美丽的人生旅程.

第 12 章

从幼犬到成年犬阶段

纬！现在，让我从我小狗的角度带您了解小狗生命的不同阶段：

1. **新生儿阶段：** 啊，那些日子里，我只是一个小毛球，紧紧地依偎在我的妈妈和兄弟姐妹身边.我的一切都依赖她——牛奶、温暖和安全感.那是一段舒适而安全的时光.

2. **新生儿阶段：** 当我的眼睛和耳朵开始睁开时，我开始发现周围有一个全新的世界.一开始有点不知所措，但随着时间一天天过去，我变得更加好奇和渴望探索.

3. **过渡阶段：** 我摇摇晃晃地迈着小腿跟上我的兄弟姐妹.我开始发展我的感官并了解周围环境中不同的气味和声音.这是一个令人兴奋的成长和发现时期.

4. **社会化阶段：** 这个阶段对我来说非常重要.我遇到了许多新朋友和毛茸茸的朋友，体验了不同的景象和声音.它帮助我成为今天的友善和善于交际的小狗.

5. **断奶阶段：** 啊，固体食物的味道！这对我来说是一大进步，因为我从完全依赖妈妈的牛奶过渡到探索各种美味佳肴.我发现了新的口味和质地，这让用餐时间变得相当冒险.

6. **少年阶段：** 天哪，这个舞台充满了活力和恶作剧！我有无限的好奇心，忍不住去探索眼前的一切.我学习了训练的基础知识，玩了很多游戏，并发现了我独特的个性.

探索狗生的黑暗面

7. **青春期阶段：** 这个阶段有起有落.我突然变得独立起来，有时也会挑战界限.荷尔蒙在嗡嗡作响，我经历了一些变化.值得庆幸的是，在我的人类的耐心指导下，我在爱和支持下度过了这个阶段.

8. **青年阶段：** 啊，成熟的阶段！我在身体和精神上都融入了成年人的自我.我变得更加自信和经验丰富.生活变成了乐趣和责任的平衡.

9. **成人阶段：** 现在，我都长大了！我已经充分发挥了自己的潜力，享受了人生的黄金时期.我仍然精力充沛，乐于奉献，但我也很享受小睡一会儿和舒适的放松场所.

每个阶段都有自己的冒险、挑战和成长.在这一切过程中，我的人类一直在那里，指导、培育并给予我所需的所有爱和关怀，让我成为今天这只出色的狗.纬！请您为您心爱的小狗到成年阶段做同样的事情.

新小狗、小狗对人类的建议

纬！所以，您决定将一只小狗带入您的生活.好吧，让我给你一些从小狗到人类的建议，告诉你你应该知道什么，以确保你们俩有一个美好的开始.开始了：

1. **承诺：** 带一只小狗回家意味着要致力于它们在未来许多年的福祉.它们需要你的时间、关注和爱，所以要为终生的毛茸茸的友谊做好准备.

2. **小狗防护：** 小狗是好奇的小动物，喜欢用嘴探索.确保通过消除任何潜在的危险或咀嚼物的诱惑来保护您的家.注意电线、有毒植物和可能吞咽的小物体.

第 12 章

3. **社会化：** 早期的社会化是帮助你的小狗成为一只自信且适应良好的狗的关键.以积极、可控的方式向他们介绍新的人、动物和环境.这将帮助他们养成良好的举止并防止在不熟悉的情况下焦虑.

4. **培训和纪律：** 从你的小狗到达的那一刻起就开始训练它.通过积极强化，教他们基本命令、入室盗窃和正确行为.款待、表扬和坚持会产生奇迹.请记住，温柔的爪子比严厉的言语要好得多.

5. **健康与保健：** 安排去看兽医，以确保您的小狗健康并接种了最新的疫苗.制定适合其年龄和品种的定期喂养计划，提供营养饮食.梳理毛发，包括刷毛和刷牙，可以让它们保持最佳的外观和感觉.

6. **锻炼和刺激：** 小狗有好几天的精力！确保为他们提供充足的锻炼和精神刺激.每天散步、玩耍和互动玩具或游戏会让他们开心，并防止他们变得无聊或淘气.

7. **耐心和爱心：** 您的小狗仍在学习和适应新环境.当他们在这个大世界中航行时，请对他们保持耐心.向他们展示大量的爱、关注和感情，以建立基于信任和积极强化的牢固纽带.

8. **小狗护理资源：** 世界上有很多有用的小狗护理资源.书籍、网站和当地的小狗训练课程可以为您提供从基本护理到行为和训练技巧等各个方面的宝贵指导.寻找这些资源来支持您的小狗育儿之旅.

牢记这些要点并创造一个充满爱和支持的环境将帮助您的小狗成长为一只快乐且全面发展的狗.享受每一个珍贵的时刻，珍惜你们共同创造的美好回忆！纬！

小狗的挑战和解决方案

首先，入室盗窃可能是一个有点粗暴的挑战.小狗需要学习在哪里做他们的事.制定一致的如厕习惯，当他们进入正确的位置时给予大量的表扬和款待，并保持耐心.事故时有发生，但随着时间的推移和积极的强化，它们会流行起来.

咀嚼和咬可能会让你感到恶心！小狗喜欢用嘴探索，这意味着它们可能会咀嚼您的鞋子或咬您的手指.给他们足够的咀嚼玩具，并在他们开始啃你最喜欢的东西时转移他们的注意力.教他们抑制咬合并奖励温和的玩耍将帮助他们了解什么是合适的.

社交有时很尴尬！逐步向您的小狗介绍新的人、动物和环境，并提供许多积极的经历.小狗社交课程非常适合结识其他毛茸茸的朋友，并学会在新情况下保持自信.这将帮助他们成为全面发展的狗狗！

训练需要时间和治疗.保持一致并使用积极强化方法.款待、表扬和奖励将帮助他们了解您希望他们做什么.如果您需要额外的帮助，小狗训练课程是一个不错的选择.他们会引导您和您的小狗走上正确的道路.

分离焦虑可能是一个巨大的挑战.与同窝同伴和妈妈分开会让他们感到焦虑.首先让他们短暂独处，然后逐渐增加时间.为他们创造一个舒适的空间，留下互动玩具让他们忙碌，并尝试舒缓的音乐或信息素扩散器来帮助他们放松.

出牙也可能有点粗糙.小狗在牙齿长出时喜欢咀嚼.请为他们提供合适的出牙玩具以舒缓牙龈.将贵重或危险的物品放在够不到的地方，并确保您的家中有小狗的保护.我们无法抗拒好好咀嚼，你知道的！

狗人士必备指南

第 12 章

能量，能量，能量！小狗有很多.他们需要日常锻炼和精神刺激来保持快乐和行为良好.带他们散步、玩游戏，并给他们拼图玩具，以保持他们的思维敏锐.一只疲惫的小狗就是一只好小狗！

从焦虑到摇尾巴

请记住，耐心和一致性是成功的关键.养一只小狗需要时间和精力，但回报却是巨大的.设定明确的界限，奖励良好的行为，避免严厉的惩罚.如果需要，请寻求专业指导，因为他们可以为您提供个性化的建议.

所以，准备好迎接许多依偎、流口水的亲吻和无休止的摇尾巴吧.你的新毛茸茸的朋友会给你的生活带来很多欢乐.请记住，在这段旅程中您并不孤单.如果您需要帮助爪子，请联系其他爱狗人士、训练师或兽医.享受小狗的日子，珍惜每一次摇摆的时刻.汪汪！

纬！我还有一些关于我的书第 17 章的令人兴奋的消息要分享！在本章中，我添加了一个特殊且非常有用的表格，其中包含每个小狗主人都应该知道的有价值的信息.您会发现您可爱的小狗从第一周到成年的成长和发育的详细信息.表中的每一行代表不同的年龄范围，从珍贵的早期几周到幼犬期更成熟的阶段.您将在表格中发现有关小狗身体和行为发育的重要见解.看到

他们微小的身体如何改变，他们的个性如何开始闪耀，真是令人着迷.

但这还不是全部！它涵盖了幼犬护理的基本方面，例如医疗保健、喂养时间表、如厕训练、社交等.它可以作为有用的路线图，以确保您为毛茸茸的伴侣提供最好的护理和支持.

请记住，每只小狗都是独一无二的，可能会按照自己的节奏进步，但这张表将为您提供小狗生命每个阶段的总体概述.这是一种宝贵的资源，可以帮助您度过

探索狗生的黑暗面

养育小狗的乐趣和挑战.请务必咨询您的兽医，了解适合您小狗的品种、体型和健康要求的具体疫苗接种计划和饮食建议.

所以，请务必翻到第 17 章，看一下**小狗生命阶段发育表**，祝您阅读愉快，并享受看着您毛茸茸的朋友成长和茁壮成长的过程！纬！

第 13 章

从焦虑到摇尾巴

最后但并非最不重要的

纬!我们已经完成了我们奇妙的冒险,我了不起的人类朋友.我们一起深入挖掘了狗焦虑的神秘世界,揭开了它的秘密,并找出了给我们的生活带来更多欢乐与平静的方法.

我们学会了表达焦虑的语言,像老板一样解读彼此的信号.当我们对身体症状感到焦虑时,我们会从我们发出的迹象中获得内幕消息,这些症状会让我们尾巴卷起、心跳加速.

我们已经找出了根本原因,比如当你让我们独自一人时的分离焦虑症,以及让我们在雷雨和烟花期间变成颤抖的毛球的噪音恐惧症.我们不要忘记社交焦虑,我们学会像勇敢的小狗一样结交朋友并克服恐惧.

但别担心,我忠实的人类,我们还发现了创建适合狗的寒冷区域的秘密.我们已经了解了积极强化训练如何增强我们的信心并建立比网球结更紧密的联系.我们已经看到,一致性是关键,日常生活可以给我们带来舒适和稳定.

天哪,我们是否推出了一些摇尾巴的产品,让我们的焦虑退居二线.从将我们包裹在舒适怀抱中的舒适 雷霆衬衫,到让我们娱乐和分散注意力的互动玩具,我们拥有克服这些忧虑时刻的工具.

探索狗生的黑暗面

最后但并非最不重要的

有时我们可能需要一些额外的帮助，这就是药物以及行为学家和培训师的专业支持可以挽救局面的地方。它们就像狗狗世界的超级英雄，在我们最需要的时候突然伸出援助之手。

但这是独家新闻，我了不起的人类：这段旅程不仅仅与我们有关。也与你有关！照顾好自己，找到平衡点，毫不犹豫地提出要求需要时提供支持。当你处于最佳状态时，你可以给予我们爱和关怀，让我们疯狂地摇尾巴。

请记住，这本书是一个指南，是迈向更幸福、更平衡生活的踏脚石。每只狗都是独一无二的，因此根据我的个人需求定制策略和技术至关重要。<u>咨询专业人士，调整和修改建议，以创建最有利于我的健康的个性化计划</u>。

我刚开始写这本书时**序言**中那张焦急的脸吗？好吧，现在你读完我的话，看看我幸福的脸。您的理解和承诺对我来说意味着整个世界，我更加相信您会一直照顾我。感谢您深入研究狗的焦虑，并学习如何为我和我的毛茸茸的朋友们提供更平静、更快乐的生活。我从心底里感谢你成为我需要和应得的人类伴侣。

汪汪！当我邀请您与我分享您的反馈、温暖人心的故事和有用的笔记时，我满怀期待地摇着尾巴，兴奋地叫着。我很想听听您的意见并了解您对我的书的体验。所以，拿起键盘，打字，然后将您的声音发送到我的电子邮件地址。只要我们齐心协力，就能做出改变，创建一个支持世界各地狗狗的社区。感谢您参与这次摇尾冒险！

如果您有成功的故事要分享，有一个一直困扰您的问题，或者只是想给我一些<u>抚摸的爱，请随时与我联系。你的汪汪声对我来说意味着整个世界！再次，请保持联系来帮助我的狗朋友</u>！

狗人士必备指南

第 12 章

worriestowags@gmail.com

该电子邮件地址是一个公共邮箱，所有翻译都集中在其中.只需在您的主题中添加语言前缀，以便我可以更快地回复.这就像治疗我的焦虑一样.感谢您让我们的沟通顺畅！以下是如何编写电子邮件主题：

主题示例	对于语言
SP- 您的电子邮件主题	西班牙语
FR- 您的电子邮件主题	法语
IT- 您的电子邮件主题	意大利语
GR- 您的电子邮件主题	德语
DU- 您的电子邮件主题	荷兰语
JP- 您的电子邮件主题	日语
CN- 您的邮件主题	中文

您也可以在 Instagram 上找到我，请在 Worries to Wags 上关注我，享受充满可爱图片、爪子冒险以及与毛茸茸的伙伴一起快乐健康生活的有用提示的搞笑体验. 让我们一起开始这段毛茸茸的友谊，在这里我们可以分享我们对与狗有关的事物的热爱. 无论是有趣的视频、感人的故事还是训练技巧，您都可以在一处找到. 另外，您还可以一睹我的日常冒险经历以及我即将推出的项目的幕后花絮. 使用二维码； 否则，这里是完整的链接：

@WORRIES_TO_WAGS

https://instagram.com/worries_to_wags?igshid=OGQ5ZDc2ODk2ZA==

因此，抓住你的人类，点击**"关注"**按钮，然后加入队伍.我们将共同创建一个爱狗人士社区，庆祝我们的四足朋友给我们的生活带来的欢乐、陪伴和无条件的爱.

亲爱的人类朋友，当我们结束这次摇尾巴的冒险时，请记住，我们共同的旅程充满了无限的爱、信任和理解. 在您坚定不移的支持下，我们可以勇敢地面对焦虑，并在我们共同的温暖时刻中找到安慰.

探索狗生的黑暗面

最后但并非最不重要的

握住你的皮带,还有更多值得探索的地方!翻动这些页面,发现有关 40 个流行品种、我的毛茸茸的朋友的详细信息,以及等待您的信息宝库.

我谨代表我所有其他品种的朋友,感谢您成为这次转型之旅中的完美伴侣.

带着大口的口水舔和大量的狗爱,

王子
Prince

第 14 章

从焦虑到摇尾巴

每个品种的详细信息,您的狗的说明页

汪汪!你好,我亲爱的人类朋友!我有一些令人兴奋的消息要分享.在接下来的几页中,我的神奇狗狗朋友们将在聚光灯下向您介绍他们自己.准备好进入一个充满摇尾巴故事和充满小狗冒险的世界!

你看,每个品种都有自己独特的特征,使我们与众不同.从我们的沟通方式到我们迷人的历史,甚至是让我们焦虑的事情,我们是一个多元化的群体,有很多东西可以分享.我们会大声谈论为什么有些品种有不同的声音,我们的遗传背景如何影响我们的行为,以及什么生活条件最适合我们.

无论是忠诚可爱的拉布拉多犬、聪明高贵的德国牧羊犬、顽皮活力的金毛寻回犬,还是迷人满脸皱纹的斗牛犬,每个品种都有自己的故事.从娇小的吉娃娃犬到雄伟的大丹犬,我们将分享我们的经历、偏好以及我们的独特之处.

我们中的一些人可能有特定的焦虑,需要理解和支持.当我们谈论是什么让我们紧张以及我们可爱的人类同伴如何帮助我们减轻忧虑时,我们会摇尾巴.我们还会告诉您我们最喜欢的活动的秘密、我们需要的睡眠量以及我们是否在室内或室外茁壮成长.

所以,在沙发上找个舒适的位置,准备好拥抱你毛茸茸的朋友(就是我!),然后翻开新的一页,开始一段穿越狗世界的愉快旅程.我的狗朋友们会分享他们的故事、见解和经历,就好像他们在用摇着的嘴直接和你说话一样.

探索狗生的黑暗面

我迫不及待地想让你见到他们所有人并发现我们毛茸茸的家庭的非凡多样性.这将是一段充满欢笑、知识和欢乐的美好时光.更深入地了解狗的不可思议的世界.让我们庆祝人类和他们的四足伙伴之间独特的联系.

狗人士必备指南

第14章

**Alaskan Malamute
阿拉斯加雪橇犬**

汪汪！嘿，我的人类朋友！这是您的阿拉斯加雪橇犬朋友，随时准备为您提供您需要了解的关于我们伟大的雪橇犬的一切内幕消息.

首先，我们来谈谈我们的品种.阿拉斯加雪橇犬作为北极地区的雪橇犬有着令人着迷的传统.我们被培育成坚强、有弹性、友善的人，就像狗世界里毛茸茸的探险家！我们有着令人印象深刻的历史，在雪地上拉着重物，并作为忠实的伙伴与人类密切合作.

现在，让我们来谈谈我们独特的声音语言.哦，我们发出的声音非常迷人！我们有各种各样的发声方式，从独特的鸣鸣叫声到富有表现力的汪汪声和顽皮的咕噜声.当我们发出衷心的嚎叫时，这通常是我们表达喜悦或远距离交流的方式.当我们发出温柔的"鸣鸣"声时，这是我们友好的问候，说：嘿，我在这里，带着很多爱来给予！

说到焦虑，我们阿拉斯加雪橇犬有时会在某些情况下感到不安.噪音、与亲人分离或陌生的环境都会让我们感到有点焦虑.为我们提供一个平静、安全的环境，给予我们安慰，并逐步向我们介绍新的体验，将有助于缓解我们的忧虑.亲爱的人类，您的爱、关心和理解对我们来说意味着整个世界！

啊，我们不要忘记我们的好恶.我们阿拉斯加雪橇犬天生热爱户外探险和体育活动.无论拉雪橇、长途徒步旅行或玩刺激身心的游戏，我们在锻炼和探索中茁壮成长.我们富有冒险精神，渴望与人类同伴一起探索世界.

探索狗生的黑暗面

当需要放松的时候，我们爱斯基摩犬喜欢一个舒适的地方来休息和恢复活力. 我们喜欢蜷缩在温暖的壁炉旁舒适的地方或舒适的狗床上. 梦幻般的睡眠帮助我们为下一次激动人心的冒险补充能量.

至于生活安排，我们阿拉斯加雪橇犬是多才多艺、适应性强的. 虽然我们喜欢与人类一起在室内度过时光，但我们也需要进入一个安全的室外区域，在那里我们可以漫步、伸展双腿并呼吸新鲜空气. 宽敞的院子和坚固的栅栏让我们可以满足我们的自然本能并保持活跃.

为了确保我们的幸福和福祉，主人需要为我们提供定期锻炼、精神刺激和社交活动. 积极强化训练方法对我们来说有奇效，因为我们对表扬和奖励反应良好. 一个充满爱和支持的环境，充满抚摸和玩耍的时间，将使我们成为最快乐的阿拉斯加雪橇犬！

总之，亲爱的人类，我们阿拉斯加雪橇犬是忠诚、富有冒险精神、温柔的巨人. 我们品种的历史、独特的声音和特定的需求使我们脱颖而出. 我们依靠您的爱、指导和激动人心的旅程. 有了您的爱、耐心和奉献精神，我们将成为您所能要求的最忠诚的毛茸茸的朋友！

所以，我的人类朋友，让我们一起踏上这段不可思议的旅程. 我们将建立一种经得起时间考验的纽带，充满难忘的冒险、摇尾巴和无尽的爱. 只要我们齐心协力，就能征服世界，一次一只爪子！

给你大大的毛茸茸的拥抱和草率的亲吻，
你的阿拉斯加雪橇犬

狗人士必备指南

第 14 章

Australian Cattle Dog
澳洲牧牛犬

美好的一天，伙计！您的澳大利亚牧牛犬伙伴就在这里，准备向您介绍有关我们精力充沛且忠诚的小狗的所有内幕. 准备好迎接一次开膛手的时刻吧！

首先，我们来谈谈我们的品种. 澳大利亚牧牛犬，也称为蓝高跟鞋，是真正的蓝色工作犬. 我们在澳大利亚的土地上培育，旨在帮助农民在严酷的澳大利亚内陆放牧. 我们以智慧、敏捷和对人类伙伴坚定不移的忠诚而闻名.

在交流方面，我们不是最爱吠叫的狗，但我们有自己独特的表达方式. 当我们不确定时，我们可能会发出低沉、隆隆的咆哮声，或者发出尖锐、警觉的吠叫，让你知道有事情发生. 我们不要忘记我们富有表情的眼睛！它们就像我们灵魂的窗户，反映我们的情感以及与您的深厚联系.

焦虑有时会让我们变得更好，尤其是当我们没有得到足够的身体和精神刺激时. 我们是一个渴望行动和目标的品种，因此为我们提供引人入胜的活动、结构化的训练和大量的练习将有助于控制这些焦虑水平. 疲倦的蓝高跟鞋是快乐的蓝高跟鞋！

现在，让我们来谈谈是什么让我们兴奋地摇尾巴. 我们在精神和身体挑战中茁壮成长，因此需要解决问题或敏捷性练习的游戏正是我们的拿手好戏. 无论是学习新技巧、参加狗狗运动，还是进行冒险徒步旅行，我们总是准备好度过美好时光. 哦，我们不要忘记获取！我们是冠军接球手，时刻准备着追逐网球或飞盘.

探索狗生的黑暗面

说到睡眠，我们不是沙发土豆类型.我们以耐力和职业道德而闻名，因此我们每天有10到12小时左右的小睡时间.但如果我们准备好立即恢复行动，请不要感到惊讶！

至于生活安排，我们是多才多艺的狗，可以适应不同的环境.然而，我们在充满活力的家庭中茁壮成长，他们可以为我们提供充足的锻炼和精神刺激.一个安全的围栏院子是一个额外的好处，因为它可以让我们探索并消耗我们丰富的能量.

为了让我们保持快乐和健康，为我们提供均衡的饮食、定期锻炼和充足的社交活动非常重要.我们具有很强的可训练性并且渴望取悦他人，因此积极的强化训练方法最适合我们.一只行为乖巧、精神振奋的蓝高跟鞋是一只满足的蓝高跟鞋！

总之，我亲爱的人类伙伴，我们澳大利亚牧牛犬忠诚、聪明，并且总是乐于冒险.我们的工作犬背景、独特的沟通方式和充满活力的天性使我们独一无二.有了您的爱、指导以及适量的精神和身体刺激，我们将成为您一生忠实而热情的伙伴.

所以，让我们一起享受一些乐趣，创造终生难忘的回忆吧！我就在这里，在你身边，准备探索世界，并为你提供无条件的爱和坚定不移的忠诚.

欢呼声和摇尾巴，
您的澳大利亚牧牛犬

第 14 章

Australian Shepherd 澳大利亚牧羊犬

从焦虑到摇尾巴

汪汪！美好的一天，伙计！这是您的澳大利亚牧羊犬伙伴，准备带您一睹我们品种的神奇世界. 戴上帽子，系好靴子，准备好开始一场与众不同的冒险吧！

首先，让我们谈谈我们品种的背景. 尽管有这个名字，我们实际上有美国血统. 我们被培育成多才多艺的工作犬，具有强烈的放牧本能和不知疲倦的职业道德. 无论是引导牲畜还是掌握敏捷课程，我们总是迎接挑战.

当谈到沟通时，我们都是话匣子. 我们有各种各样的发声方式，从吠叫、嚎叫到叫声和抱怨. 每个声音都有其含义，就像我们和人类同伴之间的密码. 仔细聆听，您就会明白我们何时感到兴奋、提醒您注意某事，或者只是说，**嘿，我们来玩吧！**

焦虑会影响我们澳大利亚牧羊犬，特别是如果我们没有得到足够的精神和身体刺激. 我们因活动和工作而茁壮成长. 因此，让我们参与互动玩具、具有挑战性的谜题和大量练习. 凭借一致的惯例、积极的强化以及大量的爱和感情，我们将成为您冷静而自信的伙伴.

现在，让我们谈谈我们的喜好和厌恶. 我们是天生的运动员，时刻准备着行动. 长途步行、户外远足，甚至敏捷性训练都是我们的拿手好戏. 我们也非常聪明，所以让我们的大脑忙于培训课程和学习新技巧会让我们高兴地摇尾巴. 请为我们顽皮的天性和偶尔爆发的变焦做好准备！

当需要放松的时候，我们喜欢一个舒适的放松场所. 每天大约 14 至 16 小时的睡眠是补充能量的理想选择. 你可能会发现我们蜷缩在柔软的床上，或者在窗边占据一个阳光明媚的地方. 请记住，当我们平衡精神和身体刺激时我们会感到最快乐，因此请为我们提供两者.

探索狗生的黑暗面

至于我们的生活安排，我们要适应不同的环境.虽然我们可以满足于在公寓里进行定期锻炼和精神刺激，但我们真正在拥有安全院子的家庭中茁壮成长，在那里我们可以伸展双腿并探索.只要确保栅栏坚固，因为我们的放牧本能可能会诱使我们追逐任何移动的东西！

我们需要大量的精神和身体锻炼来保持快乐和健康.教我们新的技巧、提供具有挑战性的谜题以及参与互动游戏将使我们精神上受到刺激.定期在安全区域散步、跑步和不拴绳玩耍将有助于我们消耗能量并保持健康.疲惫的澳大利亚人就是快乐的澳大利亚人！

总之，我亲爱的人类朋友，我们澳大利亚牧羊犬精力充沛、聪明，随时准备冒险.我们独特的发声、对活动的热爱和忠诚使我们成为独一无二的品种.有了您的爱、指导和大量的抚摸，我们将成为您最忠诚、最有趣的伴侣.

那么，让我们一起踏上一段激动人心的旅程，充满徒步旅行、训练课程和难忘的时刻.我会在你身边，摇着尾巴，露出我标志性的澳大利亚笑容.

带着爱和无限的能量，
您的澳大利亚牧羊犬

第 14 章

Beagle
比格犬

汪汪！嘿，我的人类朋友！它是您的比格犬朋友，随时准备带您踏上嗅觉之旅，发现您需要了解的关于我们比格犬的一切.准备好享受美好时光吧！

首先，我们来谈谈我们的品种.比格犬非常迷人，作为嗅觉猎犬有着悠久的历史.我们最初是为狩猎而生的，利用我们敏锐的嗅觉来追踪猎物.如今，我们成为了很棒的家庭伴侣，并以友好和可爱的天性而闻名.

现在，让我们深入了解我们独特的声音语言.哦，我们发出的声音！我们拥有丰富的声音曲目，从可爱的嚎叫和吠叫到富有表现力的哀鸣和海湾.当我们发出悠长而优美的嚎叫声时，这通常是我们表达喜悦或与该地区其他比格犬交流的方式.当我们发出一系列短促、尖锐的吠叫声时，我们可能会提醒您我们嗅到了一些有趣的东西！

说到焦虑，我们比格犬有时会容易出现分离焦虑，或者在独处时会有点焦虑.我们在陪伴中茁壮成长，并喜欢成为群体的一部分.因此，通过互动玩具、拼图和充足的游戏时间来刺激我们的精神，可以帮助减轻我们可能经历的焦虑.您的存在和关注对我们来说意味着整个世界！

现在，让我们谈谈我们的喜好和厌恶.比格犬有冒险的嗅觉！我们喜欢探索、嗅闻眼前的一切并追随迷人的气味.长途散步和户外探险是让我们保持快乐和健康的完美方式.请记住用皮带拴住我们，因为我们的狩猎本能有时会让我们误入歧途！

在给我们的电池充电时，我们比格犬每天需要大约 12 到 14 小时的睡眠.因此，如果您发现我们蜷缩在舒适的小狗床上或在窗边阳光明媚的地方打盹，请不要感到惊讶.我们认真对待午睡.

探索狗生的黑暗面

每个品种的详细信息，您的狗的说明页

至于生活安排，我们比格犬是适应性强的小狗．虽然我们可以享受与人类一起呆在室内的乐趣，但我们也很高兴能够进入一个安全的室外区域，在那里我们可以探索并跟随我们的鼻子．有围栏的院子或定期去狗公园旅行对我们来说都是令人愉快的！

为了确保我们的健康，主人需要为我们提供定期锻炼、均衡饮食和精神刺激．使用奖励和表扬的积极强化训练对我们比格犬来说有奇效，因为我们热爱学习和取悦我们的人类．凭借耐心和一致性，我们将成为您家庭中表现良好且忠诚的成员．

总之，亲爱的人类，我们比格犬很顽皮、深情且好奇．我们品种的历史、独特的声音和特殊的需求使我们与众不同．请记住，我们期待您的爱、关怀和激动人心的冒险！

所以，让我们一起踏上这段旅程吧，我的人类朋友．凭借您的理解、耐心和大量的抚摸，我们将创造终生难忘的回忆．准备好迎接摇尾巴、湿鼻子和无尽的小猎犬魅力吧！

很多的爱和摇尾巴，
你的比格犬

狗人士必备指南

第 14 章

**Belgian Malinois
比利时玛利诺犬**

从焦虑到摇尾巴

汪汪！嘿，我的人类朋友！这是您的比利时马里诺犬朋友，渴望分享有关我们非凡品种的所有令人兴奋的细节. 你准备好开始一场激动人心的冒险了吗？让我们开始吧！

首先，我们来谈谈我们的品种. 比利时玛利诺犬以其非凡的智力、坚定不移的忠诚度和令人印象深刻的职业道德而闻名. 我们最初是为了放牧和看守牲畜而饲养的，现在已经成为多才多艺的工作犬，在警察工作、搜救甚至竞技运动等各个领域都表现出色. 我们就像狗狗世界的超级英雄，随时准备应对任何挑战！

现在，让我们来谈谈我们独特的声音语言. 哦，我们发出的声音真是令人着迷！我们有各种各样的发声方式，从尖锐的吠声到柔和的呜呜声和咕噜声. 当我们发出强烈而威严的吠声时，这通常是我们警告您潜在危险或表达我们保护本性的方式. 当我们发出温柔、有旋律的呜呜声时，这是我们传达我们的需求并寻求您的注意的方式.

当谈到焦虑时，我们比利时玛利诺犬有时会在某些情况下变得高度警觉. 我们天生的保护本能和高能量水平可以使我们对环境变化敏感. 为我们提供精神和身体刺激，让我们参与具有挑战性的任务，并确保有条理的日常生活可以帮助减轻我们可能感受到的任何焦虑. 亲爱的人类，您的指导和支持对我们来说意味着整个世界！

啊，我们不要忘记我们的好恶. 我们比利时玛利诺犬对活动和目标有着与生俱来的动力. 我们在精神和身体上茁壮成长刺激，无论是通过服从训练、敏捷性练习，还是参与考验我们智力的挑战性任务. 我们喜欢成为您积极的合作伙伴，并享受有工作要做. 我们将共同克服任何挑战，让每一刻都

探索狗生的黑暗面

变得有意义!

当需要休息的时候,我们比利时玛利诺犬喜欢一个舒适的地方,在那里我们可以放松身心并恢复活力. 一张舒适的狗床或一个安静的房子角落就可以了. 我们可能会蜷缩起来,抱着我们最喜欢的玩具,或者只是躺在你身边,知道我们受到保护和爱.

在生活安排上,我们比利时玛利诺犬能够很好地适应各种环境. 我们很高兴拥有一个属于自己的空间,无论是室内还是室外. 然而,提供充足的锻炼和精神刺激的机会很重要,因为我们有充足的能量可以燃烧. 安全的围栏庭院和定期的户外活动将使我们感到快乐和满足.

为了确保我们的幸福和福祉,主人必须为我们提供持续的培训、社交和心理挑战. 积极强化技巧对我们来说会产生奇迹,因为我们在赞美和奖励中茁壮成长. 充满爱和有条理的环境,加上充足的玩耍时间和感情,将激发我们最好的一面,并加强我们的联系.

总之,亲爱的人类,我们比利时玛利诺犬是聪明、忠诚、有动力的伙伴. 我们品种的历史、独特的声音和特定的需求使我们真正脱颖而出. 我们期待您的指导、目标和坚定不移的爱. 凭借您的奉献精神、耐心和冒险精神,我们将成为您想象中最忠诚、最非凡的毛茸茸朋友!

所以,我的人类朋友,让我们一起踏上这段不可思议的旅程. 我们将建立一种持续一生的纽带,充满难忘的冒险、摇尾巴和无限的爱. 我们将一起征服世界,一次一只爪子!

流口水的亲吻和摇尾巴,
你的比利时玛利诺犬

狗人士必备指南

第 14 章

Bernese Mountain Dog
伯恩山犬

从焦虑到摇尾巴

汪汪！你好，我奇妙的人类朋友！这是您的伯恩山犬好友，在这里分享您需要了解的关于我们令人惊叹的品种的一切.

让我们从我们的背景开始吧.我们伯恩山犬来自瑞士阿尔卑斯山，最初是在那里作为工作犬饲养的.我们的祖先帮助农民完成各种任务，从放牛到拉车.这就是为什么我们拥有根深蒂固的强烈职业道德和深深的忠诚感.

在沟通方面，我们可能不是最有发言权的，但我们有自己独特的表达方式.我们富有表情的眼睛会说话，反映出我们温柔善良的本性.哦，我们摇动的尾巴就像一面快乐的旗帜在微风中飘扬，显示出我们与心爱的人类在一起时的兴奋和喜悦.

焦虑有时会打败我们伯纳.我们是敏感的灵魂，在爱和关注中茁壮成长.雷暴、噪音或与亲人分离都会让我们感到焦虑.舒缓的话语、平静的环境以及你令人安心的存在可以神奇地平息我们的忧虑，让我们感到安全和被爱.

现在，让我们谈谈我们喜欢和享受的事情.我们绝对喜欢与人类共度时光，享受我们能得到的所有关爱和拥抱.我们是真正温柔的巨人，心胸和我们来自的山脉一样宽广.在大自然中长途漫步，探索户外美景，感受蓬松外套上的新鲜空气，让我们高兴地摇尾巴.

当需要休息的时候，我们喜欢一个温馨舒适的地方来放松身心.我们通常每天需要大约 12 至 14 小时的睡眠来恢复活力身体和思想.您可能会发现我们蜷缩在最喜欢的角落或躺在地板上，梦想着穿过田野，享受生活的简单乐趣.

探索狗生的黑暗面

至于我们的生活安排，我们在有院子或通往户外空间的家中茁壮成长. 我们喜欢有空间漫步和探索，但我们也珍惜与亲人一起呆在室内的温暖和舒适. 户外探险和优质室内时间的平衡生活方式将使我们感到快乐和满足.

为了保持我们的健康和健康，定期锻炼很重要. 每天散步、玩耍和刺激精神的活动对于我们的健康至关重要. 我们也欣赏支持我们积极生活方式的营养饮食. 我们不要忘记修饰的重要性. 我们美丽、厚实的被毛需要定期梳理，以保持干净、无缠结.

总之，亲爱的人类伙伴，我们伯恩山犬是温柔、忠诚且充满爱的. 我们丰富的传统、富有表现力的眼睛和坚定不移的奉献精神使我们变得异常特别. 有了您的爱、关心和理解，我们将成为您所希望的最快乐、最忠诚的毛茸茸的伙伴.

那么，让我们踏上一段充满爱、冒险和摇尾巴的旅程吧. 我们将一起征服山脉，创造珍贵的回忆，并体验终生难忘的纽带.

带着我全部的爱和忠诚，
你的伯恩山犬

第 14 章

Bichon Frise
比熊犬

汪汪！你好，我可爱的人类朋友！您的卷毛比雄犬朋友就在这里，准备好分享我们毛茸茸的可爱品种的所有美好事物.

让我们从我们的背景开始吧.比熊犬以其开朗和深情的天性而闻名.我们丰富的历史可以追溯到地中海地区的宫廷，在那里我们作为同伴和表演者而受到崇拜.我们迷人的白大褂和迷人的个性使我们成为贵族们的宠儿.

沟通是任何关系的关键，我们比熊有自己独特的语言.我们不是叫得最大声的，但我们用富有表现力的眼睛和摇尾巴来弥补这一点.当我们用欢快的摇摆和快乐的腾跃迎接您时，这意味着我们很高兴见到您.当我们歪着头，用好奇的眼神看着你时，这就是我们在说：**告诉我更多，人类！**

焦虑有时会让我们敏感的比熊犬崩溃.当我们远离心爱的人或面对不熟悉的情况时，我们可能会经历分离焦虑.耐心、保证和一致的作息对于帮助我们感到安全至关重要.为我们创造一个舒适、安全的空间，有熟悉的气味和舒适的玩具，也有助于减轻我们的忧虑.

现在，让我们谈谈我们喜欢什么以及什么让我们兴奋地摇尾巴.我们绝对喜欢成为关注的焦点！我们在陪伴中茁壮成长，并享受成为充满爱的家庭的一部分.拥抱、抚摸腹部和轻柔的抚摸对我们来说就像音乐.日常的游戏时间和互动玩具让我们精神上受到刺激和快乐.

我们是寻找最舒适睡眠地点的专家.我们通常每天需要大约 12 至 14 小时的睡眠来给身体充电.您可能会发现我们蜷缩在柔软的垫子上或依偎在毯子下，梦想着愉快的冒险和美味佳肴.

探索狗生的黑暗面

就生活安排而言，我们是适应性强的小动物，可以在各种环境中茁壮成长. 只要我们有规律的散步和玩耍时间来保持活跃，我们就可以快乐地住在公寓或房子里. 在享受室内舒适的同时，我们也喜欢户外漫步并在日常散步中探索新的气味.

为了让我们保持最好的状态，定期的修饰是必不可少的. 我们美丽的白色外套需要梳理以防止打结，并定期去美容师那里修剪. 适当的饮食、高质量的食物和定期的兽医检查对于保持我们的健康和快乐很重要.

总之，亲爱的人类伙伴，我们卷毛比雄犬是一群充满欢乐和爱的人. 我们的皇室血统、富有表现力的眼神和深情的天性让我们无法抗拒. 有了您的爱、关心和奉献，我们将成为您所希望的最快乐、最忠诚的伴侣.

那么，让我们踏上充满欢笑、拥抱和无尽摇尾巴的旅程吧. 我们将共同创造珍贵的回忆，并分享在未来岁月里温暖您心的纽带.

带着我所有的爱和柔软的拥抱，
你的比熊卷毛

第 14 章

Border Collie
边境牧羊犬

汪汪！你好，我不可思议的人类伙伴！您聪明而充满活力的边境牧羊犬伙伴就在这里，准备分享有关我们非凡品种的所有精彩细节。系好安全带，踏上边境牧羊犬奇妙世界的旅程！

让我们从一些品种信息开始。边境牧羊犬以智力、敏捷性和放牧能力而闻名。凭借我们引人注目的皮毛和迷人的眼睛，我们非常引人注目。最初是作为工作犬饲养的，我们敏锐的直觉和无限的能量使我们成为各种活动的优秀伙伴。

现在，让我们来谈谈我们独特的声音语言。哦，我们发出的声音！从我们热情的吠叫到我们兴奋的叫声，甚至我们温柔的哀鸣，我们传达了各种各样的情感。仔细聆听，您就会了解我们独特的边境牧羊犬语言。每一次吠叫、咆哮或呜咽都传达了一些有意义的东西，无论是表示兴奋、提醒您注意重要的事情，还是表达我们想要玩耍和享受乐趣的愿望。

说到焦虑，我们边境牧羊犬是众所周知的敏感灵魂。日常生活的改变、吵闹的噪音或长时间独处有时会让我们感到有点不安。我们的人类需要为我们提供一个稳定、安全的环境，充满充足的精神和身体刺激。让我们参与具有挑战性的活动，例如拼图玩具或互动训练练习，可以帮助我们释放能量并保持头脑清醒。在焦虑的时刻，您的耐心、理解和爱的存在对我们来说意味着整个世界。

啊，我们不要忘记我们的好恶。我们边境牧羊犬绝对喜欢有工作要做！无论是放羊、捡飞盘，还是参加敏捷性或飞球等狗狗运动，我们都会在精神和身体上的挑战中茁壮成长。当我们有目标并有机会展示我们的智慧和运动能力时，我们会感到最快乐。如果我们用强烈的目光注视着您，热切地等待下一次激动人心的冒险，请不要感到惊讶！

当需要放松的时候，我们喜欢一个舒适的地方来放松和恢复活力. 虽然我们的睡眠需求可能有所不同，但我们通常每天需要 12 至 14 小时的安宁睡眠. 所以，你可能会发现我们依偎在柔软的狗床上，或者蜷缩在你的脚边，梦想着追逐松鼠或掌握新技巧.

在生活安排上，只要有充足的精神和身体刺激，我们边境牧羊犬就能很好地适应不同的环境. 虽然我们很高兴能有一个安全的户外区域，在那里我们可以伸展双腿，尽情享受有趣的活动，但我们也珍惜与我们心爱的人类在室内的时光. 刺激性练习、具有挑战性的游戏和互动训练课程的结合将帮助我们保持快乐和满足.

我们必须有规律的锻炼、精神刺激和社交来确保我们的健康. 我们在调动身心的活动中茁壮成长，例如长距离散步、服从训练和互动游戏时间. 结合身体锻炼和心理挑战的日常活动将帮助我们成为最快乐、最健康的边境牧羊犬.

总之，亲爱的人类，我们边境牧羊犬聪明、敏捷且充满活力. 我们独特的语言、放牧传统和热爱大自然使我们成为真正特殊的伴侣. 有了您的指导、耐心和充足的玩耍时间，我们将成为地球上最快乐的边境牧羊犬！

所以，让我们一起踏上一生的冒险之旅，充满摇尾巴、无尽的取物游戏，以及让我们的心飞扬的纽带. 准备好与您令人难以置信的边境牧羊犬伴侣一起踏上非凡的旅程吧！

满满的爱和无限的能量，
你的边境牧羊犬

第 14

Boston Terrier
波士顿梗犬

汪汪！嘿，我了不起的人类朋友！这是您的活泼好动的波士顿梗犬伙伴，在这里向您介绍我们这个奇妙品种的所有令人愉快的细节.准备好开始一次有趣的冒险吧！

让我们从我们品种的背景开始.波士顿梗犬又称**美国绅士犬**，最初在美国饲养.凭借我们燕尾服般的标记和迷人的个性，无论我们走到哪里，我们都是聚会的焦点.我们是一个小包裹，却有一颗大心！

从焦虑到摇尾巴

现在，让我们来谈谈我们独特的声音语言.我们可能不是最健谈的小狗，但我们确实知道如何让自己的声音被听到.我们有各种各样富有表现力的声音，可以传达从兴奋到好奇的一切.仔细聆听我们快乐的鼻息、可爱的抱怨和偶尔的吠叫，因为它们是我们与您和周围世界交流的方式.

说到焦虑，我们波士顿梗犬以敏感的灵魂而闻名.大声的噪音、日常生活的改变或长时间独处都会让我们感到有点焦虑.创造一个平静舒适的环境，提供充足的精神和身体刺激，并给予我们爱和关注，将有助于减轻我们的忧虑.您的存在和温柔的保证对我们来说意味着整个世界！

啊，我们不要忘记我们的好恶.波士顿梗犬充满活力和热情！我们绝对喜欢与我们最喜欢的人共度美好时光.无论是在公园里玩接球游戏，进行令人兴奋的散步，还是依偎在沙发上拥抱一段时间，我们都依靠您提供的爱和陪伴而茁壮成长.

当我们需要充电时，我们喜欢一个舒适的地方来休息和放松.我们通常每天需要大约 12 至 14 小时的小睡时间来保持精力充沛.因此，如果您发现我们蜷缩在房子最舒适的角落里，抓着 Z 的手，梦想着充满乐趣的冒险，请不要感到惊讶.

探索狗生的黑暗面

至于生活安排，我们波士顿梗犬的适应能力很强. 我们可以在各种环境中茁壮成长，无论是繁华的城市公寓还是宽敞的郊区住宅. 请记住，我们对极端温度很敏感，因此请确保我们在炎热的夏季有一个凉爽舒适的地方来放松.

为了确保我们的健康，为我们提供定期锻炼和精神刺激非常重要. 每天散步、玩耍和互动玩具将使我们保持身心健康. 不要忘记保养我们可爱的蝙蝠耳朵并保持清洁，以防止任何讨厌的耳朵感染.

总之，亲爱的人类，我们波士顿梗犬活泼、可爱，并且总是乐在其中. 我们独特的历史、富有表现力的声音和顽皮的天性使我们真正与众不同. 有了您的爱、关心和对我们需求的关注，我们将成为您所能要求的最快乐的小伙伴.

那么，让我们一起踏上一生的冒险之旅，充满欢笑、摇尾巴和无条件的爱. 准备好迎接一段会给您带来无尽欢乐和微笑的纽带吧！

很多的爱和流口水的吻，
你的波士顿梗犬

第 14 章

Boxer
拳击手

从焦虑到摇尾巴

汪汪！嘿，我的人类朋友！这是您的拳击手伙伴，准备好融入您的生活并分享您需要了解的关于我们拳击手的一切.准备好迎接摇尾巴的美好时光吧！

首先，我们来谈谈我们的品种.拳击手以强壮、肌肉发达的身体和富有表情的面孔而闻名.我们具有顽皮和充满活力的天性，使我们成为活跃家庭的绝佳伴侣.我们经常被描述为狗界的**彼得潘，因为我们似乎永远不会失去小狗般的热情.**

现在，让我们深入了解我们独特的声音语言.我们拳击手的声音很大！我们通过各种吠叫、咕噜声，甚至**呜呜**声进行交流.当我们发出一系列短促的叫声时，通常是在表达：**嘿，我们来玩吧！**当我们发出可爱的呜呜声时，这是我们表达兴奋和幸福的方式.

当谈到焦虑时，一些拳击手可能容易出现分离焦虑.我们与人类建立了牢固的联系，当长时间独处时我们会感到焦虑.提供充足的锻炼、精神刺激以及舒适安全的环境有助于缓解我们的忧虑.请记住，我们在爱和关注中茁壮成长，所以请用爱来浇灌我们！

让我们谈谈我们的喜好和厌恶.拳击手以热爱玩耍和活动而闻名.我们精力充沛，需要大量锻炼才能保持快乐和健康.和我们一起玩接球游戏、带我们长途散步、让我们参与互动游戏——这是引导我们能量、让我们保持娱乐的好方法.

探索狗生的黑暗面

当需要休息的时候，我们拳击手喜欢一个舒适的地方蜷缩起来．我们可能会选择一张柔软的狗狗床，甚至是你的腿上作为午睡时间．我们喜欢与人类亲近，所以当我们准备放松时，我们会期待很多依偎和温暖的拥抱．

在居住安排方面，义和团的适应能力很强，可以在各种环境中茁壮成长．虽然我们喜欢与家人一起呆在室内，但我们也喜欢在户外探索和玩耍．进入安全的院子或定期去狗公园可以成为拳击手的梦想成真．请务必留意我们，因为我们可能很好奇，有时甚至很顽皮！

为了确保我们的健康，主人需要为我们提供定期锻炼、精神刺激和持续的训练．积极强化技术对我们最有效，因为我们对表扬和奖励反应良好．社交也很关键，因为它可以帮助我们成为全面发展和自信的狗．

总之，亲爱的人类，我们义和团充满活力、顽皮、充满爱．我们品种独特的声音、需求和深情的天性使我们真正与众不同．请记住，我们期待您的爱、关怀和激动人心的冒险！

所以，让我们一起踏上这段旅程吧，我的人类朋友．凭借您的耐心、理解和大量的摩擦，我们将建立一种持续一生的纽带．准备好迎接摇尾巴、流口水的亲吻和拳击手的爱吧！

很多的爱和流口水的吻，
你的拳击手

第 14 章

Brittany
布列塔尼

汪汪！你好，我的人类朋友！这是您的布列塔尼伙伴，很高兴向您介绍我们精彩的品种.

首先，我们来谈谈我们的品种.布列塔尼以其无穷的精力、智慧和友善的天性而闻名.我们最初是作为猎犬饲养的，是天生的运动员，喜欢成为您所有户外活动的积极伙伴.无论是徒步旅行、跑步还是玩接球游戏，我们始终准备在您身边进行惊心动魄的冒险！

从焦虑到摇尾巴

现在，让我们来谈谈我们独特的声音语言.哦，我们发出的声音真令人愉快！我们用一系列的吠叫、叽叽喳喳和兴奋的叫声来表达我们的喜悦和热情.当我们发出高亢的叫声时，这是我们在说：**嘿，我们来玩吧！** 当我们发出轻柔的哀鸣和温柔的咆哮时，这可能意味着我们正在表达爱意或寻求您的关注.

说到焦虑，我们布列塔尼如果没有得到足够的精神和身体刺激，有时会变得有点焦躁.我们喜欢挑战身心的活动，因此让我们参与益智玩具、服从训练和互动游戏是让我们保持快乐和满足的关键.亲爱的人类，您的爱和陪伴对我们来说意味着整个世界！

啊，我们不要忘记我们的好恶.我们布列塔尼人非常喜欢户外活动，用我们好奇的鼻子探索世界.我们对狩猎和气味追踪有天生的本能，因此为我们提供参与这些活动的机会会让我们感到满足.我们也喜欢拥抱和摩擦腹部，因为它们让我们感到安全

探索狗生的黑暗面

并爱过.当需要休息的时候，我们布列塔尼人喜欢一个舒适的地方，在那里我们可以蜷缩起来并恢复活力.柔软的狗床或窗边阳光明媚的地方就可以了.我们可能会在身边放个玩具打盹，或者靠在你身上，因为我们知道我们是你的狼群中珍贵的成员.

在生活安排上，我们布列塔尼人多才多艺，能够很好地适应不同的环境.虽然我们喜欢有一个安全的户外空间，在那里我们可以伸展双腿，但我们也珍惜与我们心爱的人类家庭在室内的时间.日常锻炼和精神刺激对我们的健康至关重要，因此定期散步、玩耍和训练是必须的！

为了确保我们的幸福和福祉，主人需要为我们提供充足的锻炼、心理挑战和积极的强化训练.我们靠赞美和奖励而茁壮成长，所以请慷慨地给予您的鼓励和款待！一个充满爱和培育的环境，充满玩耍、情感和令人兴奋的冒险，将使我们成为地球上最幸福的布列塔尼！

总之，亲爱的人类，我们布列塔尼是充满活力、聪明且充满爱心的伴侣.我们品种的历史、独特的声音和特定的需求使我们真正与众不同.我们依靠您的指导、关爱和惊心动魄的冒险.有了您的关心、奉献和冒险精神，我们将成为您拥有的最忠诚、最快乐的毛茸茸的朋友！

所以，我的人类朋友，让我们一起踏上这段不可思议的旅程.我们将创造回忆，分享欢笑，并建立牢不可破的终生纽带.准备好迎接摇尾巴的旋风、无尽的乐趣和纯粹的狗狗之爱吧！

送你爱和摇尾巴，
你的布列塔尼

第 14 章

**Bulldog (English/French)
斗牛犬（英语/法语）**

从焦虑到摇尾巴

汪汪！嘿，我的人类朋友！这是您的斗牛犬朋友，准备分享有关我们英国和法国斗牛犬的所有精彩细节.准备好迎接可爱又迷人的推土机吧！

首先，我们来谈谈我们的品种.斗牛犬以其独特的外表和可爱的性格而闻名.英国斗牛犬有着悠久的历史，凶猛的诱饵犬变成了温柔的伴侣.另一方面，法国斗牛犬是英国斗牛犬的伴侣犬.我们就像可爱的小捆皱巴巴的善良！

现在，让我们来谈谈我们独特的声音语言.哦，我们发出的声音！我们的声音范围很广，从可爱的呼噜声和鼾声到低沉的抱怨和吠叫.当我们发出顽皮的鼻息或有趣的鼾声时，这意味着我们感到满足和放松.当我们发出短促、尖锐的吠声时，我们就是在表达：**嘿，让我们玩得开心吧！**

当谈到焦虑时，我们斗牛犬有时可能是敏感的灵魂.我们可能会经历分离焦虑或在陌生或嘈杂的环境中感到焦虑.为我们提供一个平静、安全的空间、充足的依偎和稳定的生活习惯可以帮助我们减轻忧虑.您充满爱意的存在和温柔的保证对我们来说意味着整个世界！

现在，让我们谈谈我们的喜好和厌恶.斗牛犬可能因有点懒而出名，但我们仍然喜欢玩耍和散步.请记住，由于我们独特的体质，我们有适度的运动需求.短距离散步和有趣的室内游戏不会让我们呼吸困难，是让我们保持快乐和健康的完美方式！

探索狗生的黑暗面

当需要打瞌睡时，我们斗牛犬就是打瞌睡的专家．我们每天需要大约 12 到 14 小时的睡眠来给我们疲惫不堪的电池充电．因此，如果您发现我们在我们最喜欢的舒适角落里打盹或在房子里最舒适的地方躺着，请不要感到惊讶．我们将午睡提升到一个全新的水平！

至于我们的生活安排，斗牛犬的适应能力很强．虽然我们喜欢呆在室内，在那里我们可以与人类近距离接触，但我们也喜欢一些户外时间来探索和嗅闻．请记住，我们不是最好的游泳者，所以在水周围要小心．

为了确保我们的健康，主人必须为我们提供均衡的饮食、定期的兽医检查和适当的梳理，以保持我们可爱的皱纹清洁和健康．此外，使用奖励和表扬的积极强化训练对我们斗牛犬来说有奇效．我们可能有顽固的性格，但我们会成为行为良好、忠诚、有耐心和爱心的伴侣．

总之，亲爱的人类，我们斗牛犬是爱、魅力和快乐的结合体．我们品种的历史、独特的声音和特殊的需求使我们真正成为独一无二的品种．请记住，我们依靠您的关怀、爱和抚摸！

那么，让我们一起踏上这次冒险吧，我的人类朋友．我们将用你的理解、耐心和大量的亲吻来建立终生的联系．准备好迎接无尽的可爱和斗牛犬依偎的时刻吧！

很多的爱和可爱的鼻息，
你的斗牛犬

狗人士必备指南

第 14 章

Cane Corso
卡斯罗

汪汪！嘿，我的人类朋友！这是您的卡斯罗好友，渴望分享有关我们神奇品种的一切.你准备好踏上充满力量、忠诚和爱的冒险了吗？让我们开始吧！

首先，我们来谈谈我们的品种.卡斯罗犬以其雄伟的外表和强大的体格而闻名.我们充满自信，是天生的保护者.我们最初是作为工作犬饲养的，具有强烈的忠诚感与人类家庭的深厚联系.我们就像温柔的巨人，有着金子般的心！

现在，让我们来谈谈我们独特的声音语言.哦，我们发出的声音很有趣！我们的树皮深沉、隆隆，可以让入侵者感到脊背发凉.这是我们说的方式，**嘿，我有这个.有我在，你很安全！** 我们也是肢体语言的大师，利用我们富有表现力的眼神和姿势来传达我们的情感和意图.

说到焦虑，我们卡斯罗有时可能是敏感的灵魂.我们在平静稳定的环境中茁壮成长；突然的变化或陌生的情况会让我们感到不安.为我们提供一个安全可靠的空间，保持一致的日常生活，并给予我们温柔的关爱，可以帮助减轻我们可能经历的任何焦虑.亲爱的人类，您的理解和保证对我们来说意味着整个世界！

啊，我们不要忘记我们的好恶.我们卡斯罗喜欢与人类共度美好时光.无论是长途散步、在后院玩耍，还是只是在您身边放松，我们都珍惜与您在一起的每一刻.我们具有保护性，知道我们会保护您的安全并受到爱戴，这给我们带来了巨大的快乐.

探索狗生的黑暗面

当需要休息的时候，我们 Cane Corso 喜欢一个可以蜷缩起来放松身心的舒适场所. 一张柔软的床或一个安静的角落将成为我们的休憩之所，让我们为即将到来的冒险补充能量. 我们可能会打鼾，但这只是满足和放松的表现.

至于生活安排，我们卡斯罗是多才多艺、适应性强的. 虽然我们喜欢进入一个安全的户外区域，在那里我们可以伸展我们的肌肉，但我们也很高兴在室内与我们的人类家庭保持亲密关系. 我们靠爱、关注和指导而茁壮成长. 定期锻炼和精神刺激对于我们的健康至关重要，因此参与对我们身心提出挑战的活动非常重要.

为了确保我们的幸福和福祉，业主必须为我们提供适当的社交、积极的强化培训和强有力的领导作用. 我们对一致的界限和清晰的沟通反应良好. 在您耐心的指导和坚定而温和的态度下，我们将成为全面、自信的伙伴.

总之，亲爱的人类，我们卡斯罗犬是忠诚、保护性和爱心的伙伴. 我们品种的历史、独特的声音和特定的需求使我们真正与众不同. 我们依靠您的爱、指导和使命感. 在您坚定不移的支持下，我们将成为您所能要求的最忠诚、最无畏的毛茸茸的朋友！

所以，我的人类朋友，让我们一起踏上这段不可思议的旅程. 我们将建立牢不可破的纽带，充满珍贵的回忆和无限的爱. 准备好迎接一生的冒险、忠诚和无尽的摇摆吧！

给你一个大大的、温暖的卡斯罗拥抱,
你的卡斯罗

狗人士必备指南

第 14 章

Cardigan Welsh Corgi
卡迪根威尔士柯基犬

从焦虑到摇尾巴

汪汪！嘿，我的人类朋友！这是您的卡迪根威尔士柯基犬好友，准备分享有关我们奇妙品种的所有令人愉快的细节. 你准备好开始一场摇尾巴的冒险了吗？让我们直接跳进去吧！

首先，我们来谈谈我们的品种. 卡迪根威尔士柯基犬体型虽小，但个性却很大！我们可爱的长身体和短腿，是非常迷人的伙伴. 我们最初是作为牧羊犬而饲养的，它们聪明、警觉，而且总是渴望取悦别人. 我们虽然渺小，但我们有一颗充满爱和忠诚的心！

现在，让我们来谈谈我们独特的声音语言. 哦，我们发出的声音真是令人着迷！我们有各种各样的发声方式，从吠叫、叫声到顽皮的咆哮，甚至是我们自己独特的**呜呜声**. 每一种声音都传达着我们的情绪，无论是兴奋、警觉，还是只是想引起你的注意.

关于焦虑，我们卡迪根威尔士柯基犬可以是敏感的灵魂. 吵闹的噪音、陌生的环境或与亲人分离都会让我们感到有点焦虑. 但是，亲爱的人类，不要害怕，因为您令人安心的存在和平静的环境可以在缓解我们的忧虑方面发挥奇迹. 温柔的触摸、善意的话语以及为我们创造一个安全的避风港将帮助我们感到安全和被爱.

啊，我们不要忘记我们的好恶. 我们卡迪根威尔士柯基犬以顽皮的天性和无穷的活力而闻名. 我们喜欢参与刺激我们身心的活动. 无论是散步、玩接球游戏，还是参加有趣的训练课程，我们都享受积极参与日常生活的乐趣. 如果出现以下情况，请不要感到惊讶我们试图聚集你或任何移动的东西——这是我们的本性！当需要休息时，我们喜欢找一个舒适的地方蜷缩起来并恢复活力. 我们最喜欢的午睡区是柔软的床、温暖的毯子，甚至是你的膝盖. 我们甚至可能把小尾巴塞到身体附近以保持温暖和舒适. 充分休息后, 我们将准备好迎接更多的冒险和摇尾巴!

至于生活安排, 我们卡迪根威尔士柯基犬对室内和室外环境都适应得很好. 虽然我们很小, 但我们仍然需要经常锻炼来保持身心健康. 有安全围栏的院子或在安全区域有人监督的玩耍时间可以让我们探索并消耗我们的能量. 但请记住, 我们也是群居动物, 希望与人类群体亲近, 因此与您在一起的室内时间也同样重要.

为了确保我们的幸福和福祉, 主人必须为我们提供精神刺激、积极强化训练和大量的爱. 我们在您的指导下茁壮成长, 并欣赏一致的界限. 在您的耐心和友善的陪伴下, 我们将成为全面发展的伙伴, 并给您带来无尽的欢乐.

总之, 亲爱的人类, 我们卡迪根威尔士柯基犬是充满爱心、活泼、忠诚的朋友. 我们品种的历史、独特的声音和特定的需求使我们真正与众不同. 我们依靠您的爱、指导和使命感. 有您的陪伴和关心, 我们将成为您最快乐、最忠诚的毛茸茸的朋友!

所以, 我的人类朋友, 让我们一起踏上这段不可思议的旅程. 我们将建立一种充满欢乐、欢笑和难忘时刻的纽带. 准备好迎接一生的摇尾巴和柯基微笑吧!

送你柯基亲吻和摇尾巴,
您的卡迪根威尔士柯基犬

第 14 章

Cavalier King Charles Spaniel
骑士查理王小猎犬

从焦虑到摇尾巴

汪汪！你好，我亲爱的人类伙伴！这是您忠诚而深情的骑士查尔斯王小猎犬，准备带您踏上我们可爱品种的世界的摇尾巴冒险之旅.

让我们从一些历史开始. 我们骑士队拥有皇室血统，可以追溯到英格兰国王查理一世和查理二世的宫廷. 我们被贵族和皇室珍视为伴侣，这就是我们对人类友谊和深情大自然的热爱的根源. 我们经常被描述为**爱情海绵**，因为我们吸收了您给予我们的所有爱和关注！

在沟通方面，我们有自己的语言. 我们可能不会过度吠叫，但我们有一双富有表情的眼睛，可以瞬间融化你的心. 我们温柔、深情的目光可以传达一系列的情感，从兴奋和幸福到渴望和好奇. 我们不要忘记当我们想要某样东西时我们可爱的小呜咽！

对于我们敏感的骑士来说，焦虑可能是一个问题. 我们因爱而茁壮成长，当长时间独处时，我们会感到不安. 我们的人类需要为我们提供充足的陪伴，并为我们创造一个安全的环境. 温和的安慰、积极的强化训练以及保持一致的作息可以帮助减轻我们的忧虑，让我们保持平静和满足.

现在，让我们谈谈我们的喜好和厌恶. 我们绝对喜欢与人类亲近并渴望您的关注. 依偎在你的腿上或依偎在你身边的沙发上对我们来说是纯粹的幸福. 我们还喜欢在公园里悠闲地散步，探索新的气味，欣赏大自然的景色和声音. 只是要小心，不要让我们过度劳累，因为我们不是运动能力最强的品种.

到了休息的时间，我们就会享受美容觉. 我们通常每天需要大约 12 至 14 小时的睡眠来给身体充电. 您经常会发现我们坐落在一个舒适的地方，梦想着追逐蝴蝶或只是享受您存在的温暖. 平静的睡眠使我们恢复活力，并为与您一起进行更多冒险做好准备.

至于我们的生活安排，我们很好地适应了各种环境. 无论是宽敞的房子还是舒适的公寓，我们都能适应并依靠人类的爱和关注而茁壮成长. 我们喜欢室内和室外活动，但在室外应始终受到监督以确保我们的安全.

我们必须有营养的饮食和定期锻炼才能保持健康和快乐. 我们可能会体重增加，因此控制份量和均衡饮食很重要. 定期梳理毛发，包括梳理我们柔滑的皮毛和清洁耳朵，将帮助我们看起来和感觉最好. 当然，大量的爱、拥抱和温柔的玩耍时间将使我们成为世界上最幸福的骑士队.

总之，我亲爱的人类朋友，我们骑士是温柔、充满爱心和忠诚的伙伴. 我们的富丽堂皇的历史、富有表现力的眼睛和坚定不移的奉献精神使我们真正与众不同. 有了您的爱、关心和理解，我们将在您身边，摇着尾巴，给您带来无尽的爱和欢乐.

那么，让我们踏上一段共同冒险和温馨时刻的旅程. 我会在那里，摇着尾巴，用每一个充满爱意的目光融化你的心.

用我全部的爱和奉献，
您的骑士查理王小猎犬

狗人士必备指南

第 14 章

Chihuahua
奇瓦瓦州

汪汪！嘿，我的人类小伙伴！这是您的吉娃娃朋友，准备分享有关我们吉娃娃的所有精彩细节.准备好开始一场小型冒险吧！

让我们首先谈谈我们的品种.吉娃娃虽小，但力量却很大！我们的身材可能很小，但我们的个性却很大.我们起源于墨西哥，以机敏和勇敢而闻名.不要让我们渺小的身材欺骗了您——我们有一颗宽广的心，可以给予您充足的爱.

从焦虑到摇尾巴

现在，让我们来谈谈我们独特的声音语言.哦，我们发出的声音！我们会发出各种吠叫、叫声，甚至嚎叫.当我们快速而坚持地吠叫时，通常是在表达：**嘿，注意我！**当我们发出高亢的嚎叫时，这可能是我们表达兴奋或加入邻居合唱团的方式.

当谈到焦虑时，一些吉娃娃犬可能容易紧张.当我们在新的情况下遇到不熟悉的人或动物时，我们可能会感到焦虑.为我们提供一个平静和安全的环境至关重要.在这些时刻请保持耐心并提供保证，因为我们期待您的舒适和安全.

让我们谈谈我们的喜好和厌恶.吉娃娃喜欢成为关注的焦点！我们喜欢依偎在你的腿上，沐浴在你的爱和感情中.作为社交蝴蝶，我们喜欢结识新朋友和其他友好的狗.但请记住，由于我们体型较小，我们更喜欢温和的游戏和互动.

当需要休息的时候，我们吉娃娃犬是寻找舒适地点的专家.我们喜欢在毯子下挖洞或依偎在我们最喜欢的狗床上.为我们创造一个舒适温暖的放松空间是让我们感到安全和被爱的一种有效方式.

探索狗生的黑暗面

在居住安排方面，吉娃娃犬能够很好地适应室内和室外环境. 只要我们能得到充足的精神和身体刺激，我们就非常适合公寓生活. 然而，由于我们娇小脆弱，因此保证我们的安全并在户外监督我们非常重要. 我们很容易被较大的狗或快速移动的物体吓到.

为了确保我们的健康，主人需要为我们提供定期锻炼、精神刺激和社交活动. 我们可能很小，但我们仍然需要每天散步和玩耍来保持快乐和健康. 正强化训练方法对我们最有效，因为我们对表扬和奖励反应良好.

总之，亲爱的人类，我们吉娃娃是快乐的小束. 我们品种独特的声音、需求和深情的天性使我们真正与众不同. 请记住，我们虽然渺小，但我们对您的爱是无法估量的.

那么，让我们一起踏上这次冒险吧，我的人类小朋友. 有了您的爱、关心和大量的抚摸，我们将建立一种持续一生的纽带. 准备好迎接灿烂的笑容、时髦的态度和吉娃娃的爱吧！

很多的爱和流口水的吻，
你的吉娃娃

第 14 章

从焦虑到摇尾巴

Cocker Spaniel
可卡犬

汪汪！你好，我奇妙的人类伙伴！您忠诚而开朗的可卡犬伙伴就在这里，准备摇动我的尾巴，分享我们这个令人敬畏的品种的所有奇妙之处．准备好踏上可卡犬世界的愉快之旅吧！

让我们从一些背景信息开始．我们可卡犬作为猎犬有着丰富的历史，以卓越的嗅觉能力和驱赶猎鸟的技巧而闻名．但不要让它欺骗你！我们不仅是户外爱好者，也是充满爱心和深情的家庭伙伴．

现在，让我们来谈谈我们独特的声音语言．哦，我们发出的声音！我们的声音范围很广，从友好的吠叫到迷人的呜咽，甚至偶尔可爱的嚎叫．我们用这些声音来表达我们的兴奋、快乐，有时还表达我们对关注或玩耍的需要．只要仔细听，您就会明白我们快乐的可卡犬语言！

当谈到焦虑时，我们可卡犬有时可能是敏感的灵魂．吵闹的噪音、陌生的环境或与亲人分离都会让我们有点焦虑．为我们提供一个平静、安全的环境，让我们安心，让我们参与互动游戏或训练，可以帮助我们减轻忧虑．您充满爱的存在对我们来说意味着整个世界，在那些焦虑的时刻，这是我们最大的安慰．

啊，我们不要忘记我们的好恶．我们可卡犬绝对喜欢积极主动地探索周围的世界！散步、玩接球或参加敏捷训练都是很棒的方式让我们在精神和身体上受到刺激．我们也珍惜与您共度的美好时光，因为我们依靠您的爱和关注而茁壮成长．

探索狗生的黑暗面

152   每个品种的详细信息，您的狗的说明页

当需要放松的时候，我们会享受舒适的午睡时光. 我们通常每天需要大约 12 至 14 小时的安宁睡眠来补充能量. 因此，如果您发现我们蜷缩在我们最喜欢的狗床上或依偎在您旁边的沙发上，梦想着追逐蝴蝶并高兴地摇着尾巴，请不要感到惊讶.

至于居住安排，我们可卡犬可以很好地适应室内和室外环境. 我们是多才多艺的小狗，可以在各种环境中茁壮成长，但我们真正重视与我们心爱的人类保持亲密关系. 无论是宽敞的后院供您探索，还是拥有舒适角落的舒适之家，如果得到您的爱和关注，我们都会感到高兴和满足.

为了确保我们的健康，为我们提供定期锻炼、精神刺激和社交活动至关重要. 我们喜欢每天散步或玩耍来消耗我们充沛的能量. 梳理也是我们日常护理的重要组成部分，因为我们美丽的皮毛需要定期梳理并偶尔去美容师处，以保持我们的最佳状态.

总之，亲爱的人类，我们可卡犬是爱、欢乐和热情的结合体. 我们的狩猎传统、独特的声音和深情的天性使我们成为真正特殊的伙伴. 有了您的照顾、关注和大量的腹部按摩，我们将成为世界上最快乐的可卡犬！

那么，让我们一起踏上一生难忘的冒险之旅，充满摇尾巴、湿吻和无条件的爱. 准备好建立一段温暖你的心、给你的生活带来无尽欢乐的纽带吧！

很多的爱和摇尾巴，
你的可卡犬

第 14 章

Dachshund
腊肠犬

从焦虑到摇尾巴

汪汪！你好，我的人类朋友！您的腊肠犬朋友在这里为您提供有关我们 Doxies 的一切内幕. 准备好迎接摇尾巴的美好时光吧！

首先，我们来谈谈我们的品种. 我们腊肠犬是小型犬，身体长，腿短. 我们最初是在德国饲养的，目的是捕猎獾，这就是为什么我们有坚强和坚定的本性. 我们虽然身材矮小，但我们拥有一颗强大的猎人之心！

现在，让我们深入研究我们独特的声音语言. 哦，我们发出的声音！我们有相当多的音域，从低沉而富有表现力的吠叫到可爱的嚎叫. 当我们发出短促而尖锐的吠叫时，通常是我们提醒您有有趣或可疑的事情的方式. 当我们发出有旋律的嚎叫时，我们可能是在表达我们的喜悦或呼唤我们的毛茸茸的朋友.

当谈到焦虑时，一些腊肠犬可能很容易担心. 大声的噪音或突然的环境变化会让我们有点紧张. 用温柔的话语安抚我们，为我们提供一个安全舒适的巢穴让我们休息，并提供安慰的触摸可以在平息我们的忧虑方面发挥奇效. 请记住，我们依靠您作为我们的保证！

现在，让我们谈谈我们的喜好和厌恶. 我们腊肠犬是顽皮且爱冒险的小狗！我们喜欢探索周围的世界，无论是追逐松鼠还是在后院挖掘. 我们还擅长挖掘和挖掘隧道，因此创建一个指定的挖掘区域或为我们提供舒适的毯子让我们依偎在下面会让我们高兴地摇尾巴.

当需要休息它们的短腿时，我们腊肠犬喜欢一个舒适的地方蜷缩起来. 我们喜欢找到房子最舒适的角落或依偎在毛绒狗床上. 为我们的小睡时间提供一个温暖而诱人的空间是向我们表达您的爱的一种方式.

探索狗生的黑暗面

每个品种的详细信息，您的狗的说明页

至于生活安排，腊肠犬的适应能力很强，可以在各种环境中茁壮成长。无论您住在舒适的公寓还是带后院的宽敞房子，我们都能让您感到宾至如归。不过，需要注意的是，由于我们的背部较长，所以必须小心处理，以避免潜在的背部问题。因此，温和的玩耍和避免对我们的脊椎造成压力的活动至关重要。

为了确保我们的健康，主人需要为我们提供定期锻炼、精神刺激和社交活动。日常散步、互动玩具和益智游戏会让我们好奇的头脑保持活跃。积极的强化训练方法对我们来说有奇效，因为我们渴望取悦并对表扬和奖励做出良好的反应。

总之，亲爱的人类，我们腊肠犬是充满活力、忠诚且富有个性的。我们品种独特的声音、需求和决心使我们真正与众不同。有了你们的爱、关心和大量的抚摸，我们将成为最快乐的小腊肠狗！

那么，让我们一起踏上这次冒险吧，我的人类朋友。在您的指导和无尽的关爱下，我们将创造多年来温暖我们心灵的回忆。准备好迎接摇尾巴、湿鼻吻和腊肠犬的魅力吧！

很多的爱和流口水的吻，
你的腊肠犬

第14章

Doberman Pinscher
杜宾犬

汪汪！你好，我无畏而忠诚的人类朋友！这是您忠实的杜宾犬朋友，准备好揭开我们非凡品种的迷人世界.准备好踏上充满忠诚、力量和无尽爱的冒险吧！

让我们从一些品种信息开始.我们杜宾犬以其光滑和肌肉发达的外观而闻名.我们有着天鹅绒般的皮毛、醒目的色彩和警觉的耳朵，非常引人注目.作为多才多艺的工作犬，我们拥有独特的智慧、运动能力和坚定不移的忠诚度.

现在，让我们谈谈我们的沟通方式.我们杜宾犬有各种各样的声音表达.从深沉而权威的吠叫到顽皮的汪汪声和温柔的嚎叫，我们用声音来传达我们的情感.当我们用强烈而命令的语气吠叫时，通常是为了提醒您潜在的危险或保护我们心爱的人类.当我们发出快乐的叫声和兴奋的呜呜声时，这是我们在说：**让我们一起玩吧！**

焦虑有时会影响我们杜宾犬，尤其是当我们缺乏精神和身体刺激时.我们的成长依赖于定期锻炼、心理挑战，以及最重要的是，您的爱的存在.与我们共度美好时光、参与互动游戏并确保有规律的日常生活将有助于减轻我们可能经历的任何焦虑.我们将您视为值得信赖的领导者和保护者，因此您的冷静和令人放心的存在是我们幸福和福祉的关键.

我们不要忘记我们的好恶.我们杜宾犬有一种与生俱来的动力来保护和服务我们的家庭.我们忠诚且忠诚，随时准备站在您身边.我们最喜欢的活动包括进行服从训练、参加敏捷性或气味工作等狗狗运动，甚至在沙发上与您依偎在一起.我们珍惜与您在一起的时光；任何一次身体锻炼和精神刺激的机会都会让我们高兴得摇尾巴！

当需要休息的时候，我们喜欢找一个温馨舒适的地方来给自己充电. 尽管我们的睡眠需求可能有所不同，但我们通常每天需要大约 10 到 12 小时的休息. 所以，你可能会发现我们蜷缩在我们最喜欢的床上，或者心满意足地睡在房子的一个安静的角落，梦想着激动人心的冒险和无尽的拥抱.

在生活安排上，杜宾犬只要得到适当的照顾、训练和锻炼，就能适应各种环境. 虽然我们喜欢一个安全的户外区域，在那里我们可以伸展双腿并探索，但我们也满足于与我们心爱的人类一起生活在室内. 请记住，我们致力于成为您日常生活中不可或缺的一部分，因此让我们参与您的活动并确保我们获得充足的精神和身体刺激将使我们发挥出最好的一面.

为了确保我们的健康，主人需要从小就为我们提供定期锻炼、心理挑战和社交活动. 我们杜宾犬聪明且渴望取悦他人，这使我们成为服从训练和高级活动的优秀候选人. 积极的强化方法、一致性和清晰的界限将帮助我们成长为全面发展和快乐的伴侣.

总之，亲爱的人类，我们杜宾犬是忠诚、力量和坚定不移的爱的缩影. 我们独特的沟通方式、保护本能和运动能力使我们成为真正特殊的伴侣. 有了您的指导、爱和大量的抚摸，我们将成为地球上最幸福的杜宾犬！

大量的爱和坚定不移的奉献，
你的杜宾犬

第 14 章　　　　　　　　　157

**English Cocker
英国可卡犬**

汪汪！你好，我的人类朋友！这是您的英国可卡犬朋友，准备好分享有关我们出色品种的所有精彩细节.您准备好进入英国可卡犬的世界了吗？让我们开始吧！

首先，我们来谈谈我们的品种.英国可卡犬以其魅力、智慧和顽皮的天性而闻名.我们是中型犬，拥有美丽、富有表情的眼睛和柔软丝滑的皮毛，让我们无法抗拒.我们最初是作为狩猎伙伴而被培育出来的，我们有一种天生的天赋，能够热情地嗅出猎物并把它找回来.

现在，让我们来谈谈我们独特的声音语言.我们的声音和表现力都很强！我们使用一系列令人愉悦的声音，从轻柔的呜呜声到兴奋的吠叫，来传达我们的情感和欲望.当我们快速摇动尾巴并发出快乐的吠声时，这意味着我们充满了兴奋和幸福.当我们给你那些深情的小狗眼睛时，这是我们说的，**我爱你！**

说到焦虑，我们英国可卡人可能是敏感的灵魂.日常生活的改变、噪音或与亲人的分离都会让我们感到有点焦虑.但亲爱的人类，不要害怕，因为您的爱和保证是平息我们忧虑的关键.您温柔的触摸、舒缓的话语和安全的环境将使我们感到安全和安心.

啊，我们不要忘记我们的好恶.我们英国可卡犬是活跃、精力充沛的狗，喜欢探索和玩耍.我们喜欢参与挑战思维并保持身体活跃的活动，从而茁壮成长.无论是长时间散步、在公园里玩接球游戏，还是参加服从训练，我们总是会享受一些乐趣和乐趣冒险.另外，与您进行一次良好的腹部摩擦和拥抱会让我们高兴地摇尾巴！

探索狗生的黑暗面

当需要放松的时候，我们喜欢一个舒适的地方蜷缩起来放松身心.柔软的床或舒适的沙发将是我们最喜欢小睡和充电的地方.我们甚至可能依偎在您身边以获得额外的温暖和舒适.经过一番清爽的休息后，我们将准备好与您一起进行更多激动人心的冒险活动！

至于居住安排，我们英国可卡犬能很好地适应室内和室外环境.我们喜欢与我们的人类群体共度美好时光，因此与您一起待在室内非常重要.然而，我们也喜欢户外活动，并需要定期锻炼才能保持快乐和健康.无论是探索安全的后院还是与您一起冒险，我们都会很高兴能够实现室内和室外体验的平衡.

为了确保我们的幸福和幸福，主人必须为我们提供精神刺激、定期锻炼和大量的爱.积极强化训练方法对我们来说有奇效，因为我们对表扬和奖励反应良好.结构化的日常生活、与其他狗的社交以及充足的玩耍时间会让我们高兴地摇尾巴.

总之，亲爱的人类，我们英国可卡犬是充满爱心、聪明且顽皮的伙伴.我们品种的独特特征、富有表现力的声音和特定的需求使我们真正与众不同.有了您的爱、关心和陪伴，我们将成为您所能要求的最快乐、最忠诚的毛茸茸的朋友！

那么，让我们一起踏上这段愉快的旅程吧，我的人类朋友.我们将创造终生难忘的回忆，充满摇尾巴、湿吻和无尽的欢乐.准备好与您的英国可卡犬同伴一起踏上冒险之旅吧！

送你快乐的西班牙猎犬亲吻和摇尾巴，
你的英国可卡犬

狗人士必备指南

第 14 章

English Setter
英国塞特犬

汪汪！你好，我奇妙的人类伙伴！这是您忠实而顽皮的英国塞特犬朋友，很高兴与您分享有关我们奇妙品种的所有令人惊奇的事情.准备好踏上英国塞特犬世界的摇尾巴之旅吧！

让我们从一些背景信息开始.我们英国塞特犬作为多才多艺的猎犬有着悠久的历史，以卓越的嗅觉能力和优雅的动作而闻名.我们优雅的羽毛皮毛和天生的狩猎本能让我们引人注目，让您在身边感到高兴.

现在，让我们来谈谈我们独特的声音语言.哦，我们发出的声音！我们的声音范围很广，从友好的吠叫到悠扬的嚎叫，甚至富有表现力的哀鸣.我们用这些声音来表达我们的兴奋、好奇，有时还表达我们对冒险或玩耍的渴望.只要仔细听，您就会理解我们迷人的英语塞特犬语言！

当谈到焦虑时，我们英国塞特犬通常都很随和且适应性强.然而，长时间独处或日常生活突然发生变化等情况可能会让我们有点焦虑.为我们提供一个安全舒适的环境，让我们参与互动活动，并通过益智玩具或训练练习提供精神刺激，可以帮助减轻我们可能感受到的焦虑.您的爱的存在和保证对我们来说意味着整个世界！

啊，我们不要忘记我们的好恶.我们英国塞特犬非常喜欢户外活动和探索自然奇观！无论是在公园里长时间散步、徒步穿越风景优美的小径，还是玩耍我们在开阔的空间中取物，在户外探险中茁壮成长.我们也珍惜与您的美好时光，享受您给予我们的每一刻的关爱和关注.

当需要休息的时候，我们会享受舒适的午睡时光.我们通常每天需要大约 12 至 14 小时的睡眠来补充能量并恢复身体活力.所以，如果你发现我们在窗边阳光明媚的地方打盹，或者蜷缩在我们最喜欢的狗床上，梦想着追逐小鸟，高兴地摇尾巴，请不要感到惊讶.

在生活安排上，只要有充足的锻炼和精神刺激的机会，我们英国塞特犬就能很好地适应各种环境.无论是一个可供我们伸展双腿的宽敞后院，还是一个配有大量互动玩具的舒适家，如果被您的爱和关怀所包围，我们都会很高兴.

为了确保我们的健康，提供定期锻炼、精神刺激和社交活动非常重要.我们通过参与挑战我们的思想和身体的活动而茁壮成长.每天散步、在安全区域自由玩耍以及服从训练课程都是让我们保持快乐和满足感的好方法.
总之，亲爱的人类，我们英国赛特犬是温柔、忠诚且对生活充满热情的.我们的狩猎传统、独特的声音和热爱大自然使我们成为真正特殊的伙伴.有了你们的关心、关注和大量的抚摸，我们将成为世界上最快乐的英国塞特犬！
那么，让我们一起踏上一生难忘的冒险之旅，充满摇尾巴、湿吻和无尽的爱.准备好建立一段温暖你的心、给你的生活带来无尽欢乐的纽带吧！
很多的爱和摇尾巴，
您的英语二传手

第 14 章

German Shepherd 德国牧羊犬

从焦虑到摇尾巴

汪汪！嘿，我的人类朋友！这是您的德国牧羊犬朋友，随时准备向您透露有关我们 GSD 的所有信息. 你准备好来一场精彩的冒险了吗？让我们开始吧！

首先，我们来谈谈我们的品种. 我们德国牧羊犬作为工作犬有着丰富的传统. 我们被培养成聪明、忠诚、多才多艺，就像狗世界的超级英雄！从警察和军事工作到搜救任务，我们一次又一次证明自己是勇敢和奉献的伙伴.

现在，让我们来谈谈我们独特的声音语言. 哦，我们发出的声音真是令人着迷！我们有一系列的吠叫、哀鸣和嚎叫来与你交流. 当我们发出短促、尖锐的叫声时，通常是在表达：**嘿，注意！有重要的事情正在发生！** 当我们发出低沉的隆隆声时，这可能意味着我们对潜在的危险感到保护或警惕.

关于焦虑，我们德国牧羊犬有时在某些情况下会有点焦虑. 吵闹的噪音、陌生的环境或与亲人分离都会让我们感到不安. 用温柔的话语安抚我们，为我们创造一个舒适安全的空间，并逐渐向我们介绍新的经历，可以大大缓解我们的忧虑. 亲爱的人类，您平静而令人放心的存在对我们来说意味着整个世界！

啊，我们不要忘记我们的好恶. 我们 GSD 天生喜欢那些能调动我们身心的活动. 无论是玩接球游戏、长时间散步还是参加服从训练，我们都依赖于精神和身体的刺激. 我们以渴望取悦他人而闻名，所以，与我们共度美好时光并挑战我们新的任务将使我们高兴地摇尾巴！

探索狗生的黑暗面

到了休息的时间，我们 GSD 就和其他小狗一样享受美容觉．我们需要大约 12 到 14 小时的小睡时间来给自己充电并展现最好的自己．因此，如果您发现我们蜷缩在房子的舒适角落，梦想着激动人心的冒险并保护我们所爱的人，请不要感到惊讶．

在生活安排上，我们德国牧羊犬无论是室内还是室外环境都能很好地适应．然而，当我们能够进入一个安全的户外区域来伸展我们的双腿并消耗我们的能量时，我们就会茁壮成长．有高栅栏的后院对我们来说是理想的选择，因为它使我们能够探索和保卫我们的领地．

为了确保我们的幸福和福祉，主人需要从小就为我们提供精神和身体锻炼、持续的训练和社交．积极强化训练方法对我们来说有奇效，因为我们对表扬和奖励反应良好．充满爱和结构化的环境、充足的腹部按摩和玩耍时间将使我们成为街区最快乐的德国牧羊犬！

总之，亲爱的人类，我们德国牧羊犬是忠诚、聪明且具有保护性的伙伴．我们的品种历史、独特的声音和特定的需求使我们真正与众不同．请记住，我们向您寻求爱、指导和使命感．凭借您的耐心、理解和奉献，我们将成为您所能要求的最忠诚的毛茸茸的朋友！

所以，我的人类朋友，让我们一起踏上这段不可思议的旅程．我们将建立一种持续一生的纽带，充满难忘的冒险、快乐的摇尾巴和无尽的爱．只要我们齐心协力，就能战胜一切！

很多的爱和保护性的声音，
你的德国牧羊犬

第 14 章

Golden Retriever
金毛猎犬

汪汪！你好，我的人类朋友！您的金毛猎犬朋友在这里，准备分享您需要了解的关于我们金毛的一切. 准备好迎接摇尾巴的美好时光吧！

首先，让我们深入了解我们的品种. 金毛寻回犬以友善和温柔的天性而闻名. 我们作为寻回犬有着丰富的历史，最初是为猎人捕捉水禽而饲养的. 但现在，我们更感兴趣的是在玩耍时拿走您的拖鞋或网球！

从焦虑到摇尾巴

现在，让我们来谈谈我们独特的声音语言. 哦，我们发出的声音对您来说就是音乐！从兴奋的叫声到快乐的叫声和摇尾巴，我们总有办法表达我们的喜悦. 发出轻微的哀鸣或呜咽可能意味着我们感到焦虑或寻求关注. 当我们发出长长的、满足的叹息时，这就是我们在说：**生活是美好的，我的人类！**

说到焦虑，我们金人可能是敏感的灵魂. 在新的或不熟悉的情况下，或者在雷雨或烟花期间，我们可能会感到不安. 为我们提供安慰、安慰地拍拍头部以及一个舒适的休息场所可以大大缓解我们的忧虑. 我们依靠您的爱和关注而茁壮成长，这让我们感到安全和安全.

现在，让我们谈谈我们的喜好和厌恶. 金毛寻回犬因爱水而闻名！在湖泊、池塘甚至儿童泳池中戏水对我们来说是纯粹的幸福. 我们有蹼爪子，这使我们成为出色的游泳者. 因此，如果您想找个游泳伙伴或在水中玩接球游戏，请算上我们！

探索狗生的黑暗面

每个品种的详细信息，您的狗的说明页

到了小睡的时间，我们金人知道如何放松和充电．我们通常需要大约 10 到 12 小时的睡眠才能保持最好的状态．因此，如果您发现我们蜷缩在家里最舒适的地方，梦想着有趣的冒险，在睡梦中摇着尾巴，请不要感到惊讶．

金毛的适应能力很强，可以在各种生活安排中茁壮成长．只要有足够的爱、关注和锻炼的机会，我们无论在室内还是室外都可以快乐．一个有安全围栏的院子，我们可以在那里奔跑和玩耍，就像金色的梦想成真！

为了让我们保持健康和快乐，主人需要为我们提供定期锻炼、精神刺激和积极强化训练．我们喜欢学习新的技巧和任务，因此教我们有趣的命令并挑战我们的大脑将使我们保持活力！当然，大量的摸肚子、抓耳朵以及和你一起玩耍会让我们成为地球上最快乐的金毛猎犬．

总之，亲爱的人类，我们金毛猎犬是充满爱心、忠诚且充满欢乐的．我们品种的历史、声音语言和独特的需求使我们真正与众不同．请记住，我们将您视为我们的家人，并相信您能为我们提供一个充满爱和培育的环境．

所以，我的人类朋友，让我们一起踏上这段不可思议的旅程．有了您的爱、关心和一些美味佳肴，我们将建立一种持续一生的纽带．准备好迎接一生的摇尾巴、湿吻和无尽的黄金时刻吧！

很多的爱和摇尾巴，
你的金毛猎犬

第 14 章

Great Dane
大丹犬

从焦虑到摇尾巴

汪汪！你好，我的人类朋友！它是您友好的大丹犬伴侣，在这里分享有关我们雄伟品种的所有精彩细节.准备好迎接一个关于爱和忠诚的传奇故事吧！

让我们从我们品种的背景开始.大丹犬是拥有金子般的心的巨人.我们拥有悠久的历史，源自古希腊和德国.我们作为猎犬而被饲养，后来成为忠诚的保护者，我们拥有帝王般的风度和温柔的天性，使我们遇到的每个人都无法抗拒.

现在，让我们来谈谈我们独特的声音语言.虽然我们可能不是最会说话的狗，但我们会通过一系列令人愉悦的声音进行交流.从深沉、隆隆的汪汪声到顽皮的吠叫和温柔的抱怨，我们用最可爱的方式表达我们的情感.这是我们表达的方式：**我在这里，我爱你！**

说到焦虑，我们大丹犬都是心地软的人.我们渴望你的爱和关注，如果长时间独处，我们会感到焦虑.为了帮助减轻我们的后顾之忧，请为我们在您离开时提供一个安全舒适的休息空间.留下舒缓的气味、提供互动玩具、播放舒缓的音乐，都有助于平静我们温柔的灵魂.

我们不要忘记我们的好恶.大丹犬以温柔、友善的天性而闻名.我们喜欢和人类在一起，依偎在最舒适的沙发上，或者趴在地板上揉搓腹部.尽管我们体型庞大，但我们却以温柔的巨人而闻名，是优秀的家庭伴侣.

探索狗生的黑暗面

当需要睡觉的时候,我们大丹犬会认真对待我们的睡眠. 我们每天需要大约 14 到 16 小时的美容觉来给我们的大电池充电. 你可能会发现我们蜷缩在房子最舒适的角落里,打瞌睡,梦想着美食和冒险. 一张适合特大号床或大号床的柔软床正是我们醒来时感觉神清气爽并准备好享受乐趣所需要的!

至于生活安排,我们大丹犬的适应能力很强,可以在各种环境中茁壮成长. 虽然我们确实喜欢有一个宽敞的院子来伸展我们的长腿,但只要我们每天得到足够的锻炼和精神刺激,我们也满足住在公寓或小房子里. 定期散步、玩耍和互动游戏将使我们保持快乐和健康.

为了确保我们的福祉,主人必须从小就为我们提供适当的培训和社交活动. 虽然我们看起来很威严,但我们很温柔,渴望取悦他人. 正强化训练方法对我们最有效,因为我们对表扬、奖励和温和的指导反应良好. 有了耐心、一致性和许多款待,我们将成为最乖的大丹犬!

总之,亲爱的人类,我们大丹麦人是爱和忠诚的缩影. 我们雄伟的身材、独特的声音和温柔的天性使我们真正与众不同. 有了您的爱、关心和对我们需求的理解,我们将成为您一生的伴侣,随时准备用流口水的亲吻、摇尾巴和无尽的拥抱来充实您的生活.

那么,您准备好与您的大丹犬朋友一起踏上伟大的冒险之旅了吗? 让我们一起探索世界,留下回忆,体验有温柔巨人在身边的快乐. 准备好迎接一段充满爱、欢笑和温馨时刻的非凡旅程吧!

很多的爱和流口水的吻,
你的大丹犬

狗人士必备指南

第 14 章

**Labrador Retriever
拉布拉多猎犬**

从焦虑到摇尾巴

汪汪！嘿，我的人类朋友！这是您的拉布拉多猎犬朋友，随时准备向您透露有关我们实验室的所有信息.系好安全带，享受美好时光！

首先，我们来谈谈我们的品种.我们实验室有着一段引人入胜的历史.我们最初是作为工作犬饲养的，具有作为猎犬的强大遗传背景.无论是捡鸭子还是您最喜欢的拖鞋，我们都有一种本能来取回物品并将其带回给您.我们就像魔法世界里的毛茸茸的超级英雄！

现在，让我们深入了解我们独特的声音语言.哦，我们发出不同的声音！从快乐的吠叫到可爱的哀鸣，我们拥有丰富的声音曲目.当我们用短而尖锐的声音吠叫时，通常是在表达：嘿，注意！令人兴奋的事情正在发生！当我们发出一声漫长而悲伤的嚎叫时，我们可能会表达我们的渴望或呼唤远处毛茸茸的伙伴.

当谈到焦虑时，我们拉布拉多犬有时会感到紧张.雷雨或烟花等巨大的噪音会让我们害怕得发抖.用温柔的话语安抚我们，为我们提供一个舒适的巢穴让我们依偎，甚至播放一些平静的音乐，都可以在缓解我们的忧虑方面发挥奇效.请记住，我们将您视为我们的人类超级英雄，因此您的存在对我们来说意味着整个世界！

啊，我们不要忘记我们的好恶.实验室因对水的热爱而闻名！在湖泊、河流，甚至后院的儿童泳池中戏水对我们来说都是纯粹的幸福.我们有蹼爪子，你知道，使我们成为优秀的游泳运动员.当我们潜入水中时，看看那些摇尾巴的快乐表情！

探索狗生的黑暗面

到了午睡时间，我们实验室才是真正的专业人士. 我们需要美容觉，而且我们并不羞于承认这一点！大约12到14小时的小睡时间最适合我们给自己充电. 因此，如果您发现我们依偎在房子最舒适的角落，梦想着追逐松鼠和网球，请不要感到惊讶.

在居住安排上，实验室可以很好地适应室内和室外环境. 我们是多才多艺的小狗，可以在各种环境中茁壮成长. 然而，我们喜欢进入安全的户外区域来探索和消耗一些能量. 一个宽敞的后院，可以漫步，对我们来说是梦想成真.

为了确保我们的福祉，主人必须从小就为我们提供精神刺激、持续的培训和社交活动. 积极强化训练方法对我们来说有奇效，因为我们对表扬和奖励反应良好. 结构化的日常工作、定期锻炼以及大量的爱和感情将使我们成为街区最快乐的实验室！

总之，我们实验室是忠诚的、有爱心的、充满活力的. 我们的品种历史、遗传背景和独特的声音语言使我们真正与众不同. 请记住，我们期待您的爱、关心和理解. 有了您的指导、耐心和大量的抚摸，我们将成为世界上最快乐的实验室！

请记住，每只拉布拉多犬都是独一无二的，我们的需求可能会有所不同. 咨询兽医或专业训狗师，根据我们的个性提供个性化的指导和建议总是一个好主意.

好吧，我亲爱的人类，我希望拉布拉多猎犬世界的这一小小一瞥能让您微笑. 我们忠诚，充满爱心，充满无尽的欢乐. 那么，让我们一起踏上一生的冒险之旅，充满摇尾巴、流口水的亲吻和无条件的爱.

很多的爱和流口水的吻，
你的拉布拉多猎犬

第 14 章

Leonberger
莱昂伯格

汪汪！你好，我是你毛茸茸的朋友，Leonberger，在这里分享我们这个雄伟品种的所有精彩. 准备好迎接一段充满爱、忠诚和乐趣的奇妙旅程吧！首先，我们来谈谈我们的外表.

我们很大，毛茸茸的，而且非常英俊. 凭借我们狮子般的鬃毛、富有表情的眼睛和温柔的表情，我们无论走到哪里都能引人注目. 作为最大的犬种之一，我们强壮而坚固，但又温柔而优雅. 但让我们与众不同的不仅仅是我们的外表.

我们以友好和充满爱心的天性而闻名. 我们是真正的家庭犬，总是渴望取悦并深深奉献于我们的人类群体. 我们对孩子们非常友善，耐心而温柔，使我们成为小孩子的理想伴侣. 我们冷静和耐心的举止也使我们成为优秀的治疗犬，为有需要的人带来安慰和欢乐. 智力？你打赌！

我们学习速度很快，并且依靠精神刺激而茁壮成长. 训练我们是一件轻而易举的事，尤其是当你使用积极的强化技巧，如奖励和表扬时. 我们总是乐于学习新的技巧和任务，并且在服从、跟踪甚至水上救援活动中表现出色. 保持我们的思想投入并接受挑战是我们幸福和福祉的关键.

现在，让我们谈谈我们对水的热爱. 我们是天生的游泳健将，喜欢在湖里嬉戏或在游泳池里畅游. 即使在寒冷的水中，我们厚厚的双层外套也能让我们保持温暖，这使得游泳成为我们最喜欢的消遣之一. 因此，如果您正在寻找毛茸茸的朋友来和您一起进行水上冒险，我们已经准备好立即投入其中.

170 每个品种的详细信息，您的狗的说明页

当谈到焦虑时，我们中的一些莱昂伯格人可能会有点敏感.大声的噪音、日常生活的改变或长时间独处都会让我们感到有点不安.为我们提供一个平静、安全的环境、充足的锻炼以及与人类大家庭共度美好时光，可以帮助减轻我们的忧虑.我们喜欢有规律的生活并参与家庭活动，让我们快乐地摇尾巴.

就生活安排而言，我们是适应性强的狗.虽然我们确实喜欢有一个宽敞的空间来伸展我们的爪子，但只要我们有规律的锻炼以及来自人类的足够的爱和关注，我们就可以适应各种生活环境.只要给我们提供足够的精神和身体刺激，让我们感到满足和快乐就可以了.

总之，亲爱的人类，我们莱昂伯格人是充满爱心、忠诚且充满温柔力量的.我们雄伟的外表、友善的天性和智慧使我们成为各种规模家庭的绝佳伴侣.有了你们的爱、关心和无数下巴的抓痕，我们将成为世界上最幸福的莱昂伯格人！那么，让我们一起踏上一生的冒险之旅，充满摇尾巴、大大的熊抱和无尽的爱.

给你巨大的毛茸茸的拥抱和流口水的亲吻，
你的莱昂伯格

狗人士必备指南

第 14 章

Maltese
马耳他语

汪汪！你好，亲爱的人类朋友！您可爱的马耳他同伴就在这里，准备分享有关我们奇妙品种的所有毛茸茸的细节.准备好进入马耳他犬的世界进行一次充满魅力的旅程吧！

让我们从我们品种的背景开始.马耳他犬是一种具有皇家血统的古老品种.几个世纪以来，我们一直是贵族们珍视的伙伴.柔滑的白色外套和优雅的外表让我们就像行走的绒毛球，走到哪里都带着优雅和优雅.

现在，让我们来谈谈我们独特的声音语言.哦，我们发出的声音！我们有相当多的声音曲目，从甜美的小吠声到顽皮的吱吱声和偶尔的咆哮.我们用这些声音来表达我们的兴奋、喜悦，有时还让您知道我们是否需要什么.只要仔细听，您就会明白我们可爱的马耳他语！

当谈到焦虑时，我们马耳他犬可能是敏感的灵魂.日常生活的改变、与亲人的分离或遇到陌生的情况都会让我们感到焦虑.提供一个平静而充满爱的环境、温柔的安慰和充足的拥抱可以有效缓解我们的忧虑.您的存在和关爱对我们来说意味着整个世界，在那些焦虑的时刻，这是我们最大的安慰.

啊，我们不要忘记我们的好恶.我们马耳他狗绝对喜欢成为众人瞩目的焦点！我们喜欢关注、呵护并成为您世界的中心.无论是依偎在您的腿上，陪伴您冒险，还是展示我们迷人的技巧，我们都因您的爱和钦佩而茁壮成长.

探索狗生的黑暗面

当需要放松的时候,我们马耳他犬很享受舒适的午睡时间. 我们通常每天需要大约 12 到 14 小时的美容觉来给我们的优雅电池充电. 因此,如果您发现我们依偎在最柔软的枕头上或蜷缩在温暖的毯子里,梦想着令人愉快的冒险,请不要感到惊讶.

就我们的生活安排而言,马尔济斯犬非常适合室内生活. 只要有您的关爱和一个属于我们自己的舒适空间,我们就对公寓、共管公寓或独栋别墅感到非常满意. 我们喜欢成为室内同伴,并珍惜您为我们提供的舒适角落和柔软的床.

为了确保我们的健康,定期的梳理和护理至关重要. 我们美丽的白色外套需要每天梳理以防止打结,并定期前往美容师进行理发和保养. 我们还欣赏温和的运动,例如短距离散步和互动游戏,以刺激我们的身心.

总之,亲爱的人类,我们马尔济斯犬是爱、优雅和魅力的结合体. 我们丰富的历史、独特的声音和深情的天性使我们成为真正特殊的伴侣. 有了您的关心、关注和大量温柔的拥抱,我们将成为街区最快乐的马尔济斯犬.

那么,让我们一起踏上一生充满欢笑、拥抱和无条件爱的愉快冒险吧. 准备好迎接一段非凡的纽带吧,这将为您的内心带来欢乐和微笑!

很多的爱和摇尾巴,
你的马耳他人

第 14 章

Miniature Schnauzer
迷你雪纳瑞

从焦虑到摇尾巴

嘿，我的迷你朋友！这是你的迷你雪纳瑞伙伴，他兴奋地摇着尾巴，向你讲述我们这些神奇的小狗的一切.准备好开始一场小型冒险吧！

首先，我们来谈谈我们的品种.我们迷你雪纳瑞体型虽小，但个性却很大.凭借我们独特的胡须脸和竖起的耳朵，我们很难错过！我们最初在德国饲养，是捕鼠者和农场狗，以敏锐的嗅觉和驱赶讨厌的动物的能力而闻名.

现在，让我们谈谈我们的沟通方式.我们真是一群有声有色的人啊！从吠叫和叫喊到抱怨和嚎叫，我们有很多声音可以表达自己.如果我们很兴奋或想要引起您的注意，我们可能会发出一系列快乐的叫声.当我们感到保护或怀疑时，我们会用深沉、权威的叫声让你知道有些事情不对劲.

焦虑有时会弄乱我们的雪纳瑞皮毛，尤其是当我们没有得到足够的精神刺激或长时间独处时.我们因成为家庭的一员而茁壮成长，并享受能激发我们敏锐思维的活动.互动益智玩具、服从训练以及定期与您一起玩耍对于让我们感到快乐和满足至关重要.

让我们谈谈我们的喜欢和不喜欢吧！我们以友好和顽皮的天性而闻名，随时准备加入乐趣.我们喜欢与最爱的人共度美好时光，无论是在街区悠闲地散步，还是依偎在沙发上看 Netflix 并享用美食.哦，我有没有提到过我们对吱吱作响的玩具有着天生的亲和力？他们带出了我们内心的小狗，让我们开心了好几个小时！

探索狗生的黑暗面

在睡眠方面，我们非常灵活．我们每天需要大约 12 到 14 小时的闭眼时间，但我们可以适应您的日程安排．无论是蜷缩在舒适的床上还是在您身边打瞌睡，我们都会找到一个完美的地方来恢复活力，梦想着追逐松鼠或玩接球游戏．

至于居住安排，我们是多才多艺的狗，可以很好地适应公寓生活或带院子的房子．然而，定期锻炼是保持最佳状态的必要条件．每日散步、互动游戏以及服从训练或敏捷课程等心理挑战是保持身心活跃的绝佳方式．

为了让我们保持最佳状态，重要的是要为我们提供均衡的饮食、定期梳理以保持我们时尚的皮毛以及从小开始的社交活动．积极强化训练方法对我们来说会产生奇迹，因为我们在赞美和奖励中茁壮成长．有了您的耐心指导、关爱和关爱，我们将成为街区最快乐的迷你雪纳瑞！

总之，我亲爱的人类伙伴，我们迷你雪纳瑞虽然很小，但很强大．我们活泼的个性、独特的外表和对生活的热爱使我们成为任何家庭的迷人补充．有了您的爱、关注和一些抚摸，我们将成为忠实的伙伴和毛茸茸的欢乐．

那么，就让我们一起踏上一段惊心动魄的旅程吧！我在这里，摇着尾巴，准备在你身边探索世界，分享无尽的拥抱，留下在未来岁月里温暖我们心灵的回忆．

汪汪叫声和摇摆声，
你的迷你雪纳瑞

第 14 章　　　　　　175

Norwegian Elkhound
挪威猎麋犬

汪汪！您毛茸茸的朋友，挪威猎麋犬，在这里分享我们这个神奇品种的所有美妙之处.准备好迎接充满忠诚、智慧和冒险的欢乐时光吧！

首先，我们来谈谈我们的传统.作为古代北欧猎犬，我们有着令人自豪的历史.我们最初是为了帮助狩猎大型动物，如麋鹿和熊，我们敏锐的嗅觉和决心使我们成为优秀的追踪者.

我们以耐力、敏捷性和穿越崎岖地形的能力而闻名.我们的祖先在挪威的森林中漫步，今天，我们将这种无所畏惧的精神带入了我们的日常生活.作为同伴，我们对人类群体非常忠诚和保护.我们与家人建立了深厚的联系，并随时准备与您站在一起.我们强有力的吠叫使我们成为优秀的看门狗，提醒您任何潜在的危险.请放心，有我们在身边，您将永远感到安全.

情报是我们的强项之一.我们学得很快，喜欢良好的智力挑战.训练我们是一件轻而易举的事，尤其是当你使用积极强化方法时.我们靠赞美、款待和参与活动而茁壮成长.通过持续的培训和充足的精神刺激，我们解决问题的能力和服从性会让您惊叹不已.

现在，让我们来谈谈我们美丽的双层外套.即使在最恶劣的气候下，我们厚厚的皮毛也能让我们保持温暖.它需要定期梳理以保持最佳形状并防止打结.我们全年都会适度脱毛，并且有一个季节性脱毛期，我们需要多梳理一下，以保持我们的外套看起来最好.为了我们华丽的外表而付出的代价很小.

从焦虑到摇尾巴

当谈到焦虑时，我们中的一些挪威猎麋犬可能会有点敏感.长时间独处或听到大声的噪音会让我们感到有点不安.为我们提供一个平静、安全的环境以及充足的锻炼和精神刺激将有助于缓解我们的忧虑.我们喜欢有规律的生活并参与家庭活动，让我们快乐地摇尾巴.

就生活安排而言，我们是多才多艺的狗.虽然我们喜欢有一个安全的户外区域可供探索，但只要我们有充足的锻炼和精神刺激，我们就可以很好地适应不同的生活环境.我们是一个活跃的品种，在可以为我们提供定期体力活动和精神挑战的家庭中茁壮成长.

总之，亲爱的人类，我们挪威猎鹿犬是忠诚、聪明且富有冒险精神的.我们作为猎犬的丰富历史和我们充满爱心的天性使我们成为那些欣赏我们独特特征的人的绝佳伴侣.有了您的爱、关怀和许多户外活动，我们将成为世界上最快乐的挪威猎鹿犬！那么，让我们一起踏上一生激动人心的冒险之旅，充满摇尾巴、无限的能量和无条件的爱.

给你很多毛茸茸的拥抱和热情的摇尾巴，
您的挪威猎鹿犬

第 14 章

Poodle
贵宾犬（标准/迷你/玩具）

从焦虑到摇尾巴

汪汪！嘿，我的人类朋友！它是您的贵宾犬朋友，准备好跃入您的内心并分享您需要了解的有关我们贵宾犬的一切.准备好开始一场惊心动魄的冒险吧！

首先，我们来谈谈我们的品种.贵宾犬有三种尺寸：标准型、迷你型和玩具型.我们以奢华的卷曲或绳状被毛以及优雅、精致的外观而闻名.不要让我们华丽的外表欺骗了您——我们是顽皮且聪明的小狗！

现在，让我们深入了解我们独特的声音语言.我们贵宾犬很有表现力！我们通过各种各样的声音进行交流，从轻柔的哀鸣和吠叫到兴奋的叫声和顽皮的咆哮.当我们发出一连串顽皮的叫声时，我们通常是在表达：**让我们玩得开心吧！**当我们发出低沉的隆隆声时，这可能是我们告诉你我们感到有点焦虑或不确定的方式.

当谈到焦虑时，一些贵宾犬可能容易出现分离焦虑.我们是高度社交的狗，在人类的陪伴下茁壮成长.因此，当你离开时，我们的人类需要为我们提供充足的精神和身体刺激以及安全舒适的环境.互动玩具、益智游戏和建立习惯可以帮助减轻我们可能经历的焦虑.

让我们谈谈我们的喜好和厌恶.贵宾犬以聪明和热爱学习而闻名.我们喜欢接受智力挑战，喜欢参加服从训练、敏捷性和犬类运动.定期锻炼对于保持快乐和健康很重要，但不要忘记心理健康也要锻炼身体——教我们新技巧或玩互动游戏，让我们的思维保持敏锐！

探索狗生的黑暗面

当需要休息时，我们贵宾犬每天需要大约 10 到 12 小时的睡眠. 我们喜欢有一个舒适的地方可以蜷缩起来，无论是豪华的狗狗床还是沙发的柔软角落. 我们最喜欢的莫过于依偎在人类身边，做着甜蜜的梦.

至于生活安排，贵宾犬的适应能力很强，在室内和室外环境中都能茁壮成长. 虽然我们喜欢温暖而充满爱的家庭环境，但我们也喜欢定期外出并与其他狗交往. 我们是多才多艺的小狗，只要得到我们渴望的爱和关注，就能适应各种生活环境.

为了确保我们的健康，主人需要定期为我们梳理毛发，因为我们的卷毛需要保养以保持它们不打结且健康. 定期锻炼和精神刺激是关键，此外还有注重基于奖励的学习的积极强化训练方法. 我们渴望取悦并回应赞扬和款待！

总之，亲爱的人类，我们贵宾犬是顽皮、聪明、迷人的. 我们品种独特的体型、声音和需求使我们真正与众不同. 请记住，我们期待您的爱、关怀和激动人心的冒险！

所以，让我们一起踏上这段旅程吧，我的人类朋友. 凭借您的耐心、理解和大量的摩擦，我们将建立一种持续一生的纽带. 准备好迎接摇尾巴、毛茸茸的拥抱和贵宾犬的爱吧！

很多的爱和摇尾巴，
你的贵宾犬

第 14 章

Portuguese Water Dog
葡萄牙水犬

汪汪！您毛茸茸的朋友，葡萄牙水犬，在这里向您介绍我们神奇的品种.准备好迎接兴奋和爱的浪潮吧！

我们是一个独特的品种，有着悠久的历史，植根于葡萄牙，以对水的热爱和可爱的卷曲皮毛而闻名.作为水狗，我们生来就会游泳！

从焦虑到摇尾巴

我们有蹼爪子和防水的双层皮毛，即使在寒冷的水中也能让我们保持温暖.我们是优秀的游泳运动员和天然的救生员，这就是为什么我们几个世纪以来一直是渔民值得信赖的伙伴.无论是从泳池里拿玩具，还是和你一起去海滩冒险，我们都会快乐地潜入水中，展示我们令人印象深刻的游泳技巧！但让我们与众不同的不仅仅是我们的水生天赋.

我们也是非常聪明和快速学习者.训练我们是一件轻而易举的事，尤其是当你使用积极强化方法时.我们喜欢取悦我们的人类，并且会为了美味佳肴或按摩腹部而做任何事情.我们的智慧和取悦他人的渴望使我们成为各种狗狗运动和活动的完美人选.我们的外套真是太引人注目了！

我们有两种款式：波浪形和卷曲形.我们的不脱毛外套具有低过敏性，是过敏者的绝佳选择.然而，我们精美的皮毛需要定期梳理，以防止打结并保持其最佳外观.稍微刷一下，到处修剪一下，瞧！我们已准备好以时尚的方式展示我们的东西.

当谈到焦虑时，我们通常是一个自信而外向的品种.然而，我们中的一些人可能是敏感的灵魂，可能会在生活中感到焦虑.某些情况.为我们创造一个平静、安全的环境，提供充足的精神和身体刺激，并确保我们有规律的生活，可以帮助我们快乐地摇尾巴.我们因成为家庭的一

探索狗生的黑暗面

员而茁壮成长，并享受涉及人类群体的活动．

在生活安排方面，我们是多才多艺的．虽然我们很高兴能够进入一个安全的户外区域，在那里我们可以伸展双腿，但只要我们接受充足的锻炼和精神刺激，我们就能适应不同的生活环境．请记住，无聊的葡萄牙水犬是调皮的葡萄牙水犬，所以让我们忙于有趣的活动！

总之，亲爱的人类，我们葡萄牙水犬是忠诚、聪明、充满水的冒险的．我们对游泳的天生热爱、卷曲的皮毛和顽皮的个性使我们成为一个与众不同的品种．有了您的爱、关注和充足的水乐趣，我们将成为世界上最快乐的葡萄牙水犬！那么，让我们一起沉浸在一生的欢乐冒险中，充满摇尾巴、湿吻和无条件的爱．

送你一抹爱意和一个大尾巴摇动，
你的葡萄牙水犬

第 14 章

Pug
巴狗

汪汪！你好，我奇妙的人类朋友！您可爱的哈巴狗伴侣就在这里，准备分享有关我们令人难以置信的品种的所有精彩细节.准备好踏入哈巴狗世界的迷人之旅吧！

让我们从我们品种的背景开始.哈巴狗是一种特殊的品种，其悠久的历史可以追溯到古代中国.我们是中国皇帝的珍贵伴侣，并因我们的忠诚和令人愉快的个性而备受尊敬.我们有着独特的皱纹脸和卷曲尾巴，就像一团可爱的小东西，无论走到哪里都会带来欢乐。

现在，让我们来谈谈我们独特的声音语言.哦，我们发出的声音！我们的声音范围很广，从可爱的鼻息和鼻吸声到顽皮的吠叫和偶尔的嚎叫.我们用这些声音来表达我们的兴奋、幸福，有时甚至是为了引起您的注意.只要仔细听，您就会明白我们可爱的哈巴狗语言！

当谈到焦虑时，我们哈巴狗可能是敏感的灵魂.日常生活的改变、长时间独处、甚至大声喧哗都会让我们感到有点焦虑.提供一个平静和安全的环境、充足的爱和关注以及坚持一贯的作息可以帮助我们感到安全和轻松.您的存在和关爱对我们来说意味着整个世界，在那些令人担忧的时刻，这是我们最大的安慰。

啊，我们不要忘记我们的好恶.哈巴狗以热爱陪伴和拥抱而闻名！我们喜欢在您身边，依偎在您的腿上，或者与您一起在沙发上度过一个舒适的夜晚.我们虽然渺小，但我们的内心却充满了爱和忠诚.到了休息的时间，我们哈巴狗都会认真对待我们的美容觉.我们通常每天需要大约 12 到 14 小时的小睡时间来给我们可爱的电池充电.因此，如果您发现我们蜷缩在房子里最舒适的地方，打瞌睡，梦想着美食和腹部按摩，请不要感到惊讶。

探索狗生的黑暗面

就我们的生活安排而言，巴哥犬用途广泛，可以很好地适应室内和室外环境．我们可以快乐地住在公寓、公寓或宽敞的房子里，只要有你的陪伴和舒适的放松空间．请记住，极端温度对我们来说可能具有挑战性，因此请务必在炎热的夏季为我们提供凉爽舒适的区域，并在寒冷的冬季为我们提供温暖的毯子．

为了确保我们的健康，定期锻炼和均衡饮食非常重要．尽管我们可能不需要剧烈的体力活动，但日常散步、互动游戏和精神刺激对于保持快乐和健康至关重要．当然，别忘了给我们提供大量美味佳肴和偶尔的肚子按摩——我们绝对喜欢这些！

总之，亲爱的人类，我们哈巴狗是一群充满爱、欢乐和可爱的鼻息的人．我们迷人的历史、独特的声音和深情的天性使我们成为真正特别的伴侣．有了你们的关心、关注和大量的抚摸，我们将成为街区里最快乐的小哈巴狗．
那么，让我们一起踏上一生难忘的时刻，充满欢笑、依偎和无尽的爱．准备好迎接一段非凡的纽带吧，它将给您带来微笑，给您的心灵带来温暖！

很多爱和鼻息，
你的哈巴狗

狗人士必备指南

第 14 章

Rottweiler
罗威纳犬

汪汪！嘿，我的人类朋友！它是您忠实的罗威纳犬伴侣，随时准备分享有关我们非凡品种的所有精彩事实.准备好踏上充满忠诚、力量和无尽爱的冒险吧！

让我们从我们品种的背景开始.罗威纳犬作为多才多艺的工作犬有着丰富的历史.我们最初在德国长大，肩负着放牧牲畜和保护人类家庭的任务.凭借我们强壮的体格和天生的守护本能，我们成为优秀的保护者和忠诚的伙伴.

现在，让我们来谈谈我们独特的声音语言.虽然我们可能不是声音最大的狗，但我们通过一系列深沉的吠叫和咆哮进行交流.当我们用强烈而低沉的语气吠叫时，这是我们表明我们存在并让您知道我们意识到潜在威胁的方式.这是我们表达的方式：**人类，我支持你！**

说到焦虑，我们罗威纳犬都是敏感的灵魂.喧闹的噪音、陌生的环境或与我们心爱的人分离有时会让我们感到不安.提供一个安全可靠的空间，使用积极的强化技巧，并给予我们充足的爱和保证，可以帮助减轻我们的焦虑，让我们感到安全和受到保护.

我们不要忘记我们的好恶.罗威纳犬以对人类坚定不移的忠诚和热爱而闻名.我们乐于成为您日常活动的一部分，并喜欢参与家庭郊游和冒险.我们喜欢靠近您，接受您的腹部按摩，并通过温柔的轻推和流口水的亲吻来表达我们的忠诚.

从焦虑到摇尾巴

探索狗生的黑暗面

当需要休息和充电时，我们罗威纳犬喜欢蜷缩在舒适的地方．我们通常每天需要大约 10 到 12 小时的优质睡眠，以保持身心健康．为我们提供一张舒适的床或一个指定的休息和放松的地方将帮助我们恢复活力并为新的冒险做好准备．

在生活安排上，我们罗威纳犬能够很好地适应各种环境．无论是宽敞的院子还是公寓，最重要的是拥有一个充满爱心、积极主动的人类伴侣．我们确实需要定期锻炼和精神刺激，因此每天散步、玩耍和参与活动会让我们保持快乐和平衡．

为了确保我们的福祉，主人需要从小就为我们提供适当的培训和社交活动．我们对一致、积极的强化技巧反应良好，并在明确的界限和期望下茁壮成长．有了爱心和坚定的手，我们将成长为乖巧、自信、渴望取悦的伙伴．

总之，亲爱的人类，我们罗威纳犬勇敢、忠诚且充满爱．我们丰富的历史、独特的声音和保护性的天性使我们真正与众不同．有了您的爱、指导和对我们需求的理解，我们将成为您所希望的最忠诚的伙伴．

那么，您准备好与您的罗威纳伙伴一起踏上忠诚和冒险之旅了吗？让我们一起探索世界，勇敢面对挑战，创造终生难忘的回忆．准备好迎接我们的每一次摇尾巴和每一个分享欢乐的时刻，这种联系将会变得更加牢固！

很多的爱和流口水的吻，
你的罗威纳犬

第 14 章

Shiba Inu
柴犬

汪汪！你好，我好奇而独立的人类伙伴！这是您忠实的柴犬朋友，在这里分享我们充满活力的品种的迷人世界. 准备好迎接充满魅力、决心和一点恶作剧的愉快探索吧！

让我们从一些品种信息开始. 我们柴犬起源于日本，拥有丰富的遗产. 我们狐狸般的外表、迷人的眼睛和骄傲的举止让我们走到哪里都是回头率. 作为猎犬，我们拥有与生俱来的独立意识和使我们与众不同的坚强精神.

在沟通方面，我们有自己独特的表达方式. 我们不是最爱说话的狗，但当我们说话时，通常会发出轻柔的**布夫声**或高亢的**约德尔声**，这可能会很有趣. 我们富有表现力的眼睛和肢体语言是理解我们的情绪和欲望的关键. 顽皮的弹跳和摇尾巴表明我们兴奋，而轻微的头部转动可能表示好奇或一丝固执.

我们柴犬有时可能会感到焦虑，尤其是在面对不熟悉的情况或日常变化时. 提供一个平静、可预测的环境和积极的强化训练将帮助我们感到安全. 耐心和理解对于帮助我们自信地驾驭世界大有帮助. 请记住，我们可能是独立的，但仍然需要您的爱和保证.

让我们深入研究一下我们的喜好和厌恶. 我们柴犬有很强的冒险精神和好奇心. 探索新的气味和环境是人们最喜欢的消遣. 我们喜欢长途散步、互动游戏和拼图挑战我们敏锐思维的玩具. 我们顽皮的天性可能会导致我们隐藏我们最喜欢的玩具，或者在捡东西的游戏中开玩笑地取笑你. 拥抱我们的幽默感，您将获得我们的忠诚和富有感染力的快乐作为回报.

探索狗生的黑暗面

当需要休息的时候，我们很高兴能有一个舒适的休息场所.虽然我们的睡眠需求可能有所不同，但我们通常每天需要大约12至14小时的睡眠.您经常会发现我们蜷缩在舒适的角落或躺在阳光下，为下一次冒险补充能量.

在居住安排方面，我们柴犬能够很好地适应室内和室外环境.然而，我们更喜欢一个有安全围栏的院子，在那里我们可以探索并满足我们好奇的天性.社交对我们来说至关重要，因为它可以帮助我们建立信心并与其他狗和人类进行积极的互动.早期的社会化和持续的训练将帮助我们成为全面发展和善于交际的伴侣.

为了确保我们的福祉，主人需要为我们提供精神刺激和吸引人的活动.益智玩具、互动游戏和挑战我们聪明头脑的服从训练会让我们感到快乐和满足.积极强化方法对我们最有效，因为我们对表扬和奖励反应良好.请记住，我们不喜欢重复性任务，因此请保持我们的培训课程有趣且多样化.

总之，亲爱的人类，我们柴犬是充满活力、独立且极具魅力的.我们独特的沟通方式、对冒险的热爱和忠诚使我们成为真正特别的伙伴.凭借您的耐心、理解和一点点乐趣，我们将建立牢不可破的纽带，持续一生.

那么，让我们一起踏上一段激动人心的旅程，充满欢乐、欢笑和难忘的时刻.我已准备好陪伴您进行每一次冒险，摇着尾巴并分享我的柴犬魅力.

带着爱和俏皮的嘘声，
你的柴犬

第 14 章

Shih Tzu
西施犬

汪汪！你好，我奇妙的人类伙伴！您的毛茸茸的美妙西施犬朋友在这里分享我们可爱的品种的所有摇尾巴的细节.准备好踏上充满魅力、陪伴和爱的旅程吧！

让我们从我们品种的背景开始.西施犬最初是在中国作为皇室伴侣饲养的，从那时起，我们就一直给人类带来欢乐和幸福.我们美丽的长外套、富有表情的眼睛和甜美的气质，一定会立刻俘获您的心！

现在，让我们来谈谈我们独特的声音语言.虽然我们可能不是最爱说话的小狗，但我们有一种特殊的交流方式.我们使用一系列可爱的声音来表达我们的情感.从轻柔的吠叫到可爱的小咕噜声和鼻息声，我们有自己的语言.注意我们声音的语气和音高，因为它们可以传达我们是否兴奋、满足或寻求您的关注和喜爱.

当谈到焦虑时，我们西施犬可能是敏感的小灵魂.日常生活的改变、噪音或与亲人的分离都会让我们感到有点紧张.提供一个平静和滋养的环境，保持我们的日常生活一致，并给我们带来爱和安慰，将大大有助于我们摆脱焦虑.您舒缓的存在和温柔的话语可以创造奇迹，让我们感到安全.

啊，我们不要忘记我们的好恶.我们西施犬绝对喜欢与人类共度美好时光.我们在陪伴中茁壮成长，喜欢成为关注的焦点.无论是依偎在沙发上、悠闲地散步，还是只是在您外出时靠近您那天，当我们在你身边，沐浴在你的爱和感情中时，我们是最幸福的.

当我们的小爪子需要休息的时候，我们喜欢蜷缩在一个温馨舒适的地方．我们通常每天需要大约 12 到 14 小时的美容觉，才能让我们的奢华外套保持最佳状态，并保持我们无限的能量．为我们提供一张柔软、豪华的床或一个温暖的腿来打盹，会让我们感觉自己就像生来就是被宠坏的皇室成员．

在生活安排上，我们西施犬的适应能力还是很强的．我们可以在各种环境中茁壮成长，无论是舒适的公寓还是宽敞的家．但是，请记住，我们不适合严酷的户外活动或极端天气条件．适度的日常锻炼，包括短距离散步和温和的玩耍，将使我们保持快乐和健康。

为了确保我们的健康，主人需要为我们提供定期的梳理．我们的长而柔滑的被毛需要每天梳理，以防止缠结和打结．每隔几周去一次美容师将有助于我们保持最佳状态并感觉舒适．不要忘记检查我们可爱的小耳朵并保持它们清洁，以防止任何讨厌的感染．

总之，亲爱的人类，我们西施犬是令人愉快的、充满爱心的、充满个性的．我们的富丽堂皇的历史、独特的声音和深情的天性使我们真正与众不同．有了您的爱、关心和对我们需求的关注，我们将成为您所希望的最忠诚、最可爱的伴侣．

那么，您准备好与您的西施犬伙伴度过一生的拥抱、欢笑和纯粹的快乐了吗？让我们一起创造无数的幸福回忆，一次摇尾巴，一次湿润鼻子．准备好迎接一段温暖你的心、给你带来无尽微笑的纽带吧！

很多的爱和流口水的吻，
你的西施犬

第 14 章

Siberian Husky
西伯利亚雪橇犬

汪汪！你好，我的人类朋友！它是您的西伯利亚哈士奇伙伴，准备带您踏上哈士奇世界的激动人心的旅程.准备好享受美好时光吧！

从焦虑到摇尾巴

让我们从我们品种的背景开始.西伯利亚哈士奇最初是由西伯利亚的楚科奇人饲养的，用于雪橇和运输用途.我们的祖先强壮、勤奋，为耐力和寒冷的北极气候而生.今天，我们仍然具有这些特征，使我们成为户外探险的绝佳伴侣！

现在，让我们谈谈我们的声音语言.哦，我们哈士奇有独特的发声！我们以独特的嚎叫声而闻名，从短而尖锐到长而悠扬.当我们嚎叫时，这是我们与狼群交流或表达情绪的方式，比如快乐、兴奋，甚至是一点恶作剧！

当谈到焦虑时，当我们有多余的能量需要燃烧时，我们哈士奇有时会遇到**"Zoomies"的情况**.定期锻炼和精神刺激对我们的健康至关重要.长时间散步、跑步和互动游戏将有助于我们保持满足感并防止任何不良行为.所以，抓住皮带，系好鞋带，让我们一起去户外吧！

现在，让我们谈谈我们的喜好和厌恶.哈士奇非常喜欢开阔的空间和充足的探索空间.我们生来就是为了奔跑！因此，能够进入一个安全围栏的院子或充足的机会在大自然中进行自由冒险将使我们真正快乐.当我们穿过田野、森林和雪景时，看看我们的兴奋吧！

睡眠对我们哈士奇也很重要，但我们与其他品种有点不同.我们通常每天需要大约 14 到 16 小时的睡眠，但我们可以更加灵活地调整睡眠模式.您可能会发现我们整天都在小睡，然后在晚上享受美好的小睡.这一切都是为了在休息和玩耍之间找到完美的平衡！

探索狗生的黑暗面

在生活安排上，我们哈士奇可以适应室内和室外环境.然而，由于我们强烈的本能和高能量水平，我们在拥有积极主动的主人的家庭中茁壮成长，他们可以提供充足的锻炼和精神刺激.宽敞的院子或通往附近公园和小径的通道对我们来说是梦想成真！

为了确保我们的福祉，主人需要了解我们的自然本能.哈士奇是聪明且独立的思考者，因此持续和积极的强化训练是关键.我们对基于奖励的方法反应良好，并在智力挑战中茁壮成长，例如益智玩具或服从训练.只要有正确的指导和大量的爱，我们就能成为最忠诚、最乖巧的伴侣.

总之，亲爱的人类，我们哈士奇是富有冒险精神、顽皮且充满爱心的.我们品种的背景、独特的发声以及对户外活动的需求使我们真正与众不同.凭借您的爱、关怀和承诺，为我们提供积极、刺激的生活方式，我们将成为您所能想象到的最快乐、最忠诚的伴侣！

那么，您准备好与您的西伯利亚哈士奇朋友一起开始惊心动魄的冒险了吗？我们将一起征服小径，探索新领域，创造难忘的回忆.准备好迎接摇尾巴、快乐的嚎叫和哈士奇一生的爱吧！

很多的爱和流口水的吻，
你的西伯利亚哈士奇

第 14 章

Staffordshire Bull Terrier
斯塔福郡斗牛梗

从焦虑到摇尾巴

汪汪！嘿，我奇妙的人类朋友！您的斯塔福郡斗牛犬伙伴就在这里，准备向您介绍我们品种的所有精彩之处．准备好开始一场奇妙的冒险吧！

让我们从我们的背景开始吧．斯塔福郡斗牛梗，通常简称为斯塔菲，以友好和深情的天性而闻名．我们作为勇敢而忠诚的工作犬有着丰富的历史，最初是为了斗牛而饲养的．随着时间的推移，我们已经发展成为温柔、充满爱心的家庭伙伴，用可爱的微笑和摇尾巴赢得人心．

说到沟通，我们并不是最安静的一群．我们喜欢通过顽皮的吠叫、咕噜声，甚至偶尔的嚎叫来表达我们的快乐和兴奋．我们富有表情的面孔和摇动的尾巴显示了我们对生活的热情和对人类的爱．哦，我有没有提到我们著名的员工微笑？即使是最灰暗的日子，它也能照亮一切！

焦虑会影响我们任何人，包括斯塔菲．当面对喧闹的噪音、新的环境或与我们心爱的人分离时，我们有时会感到焦虑．我们的人类必须提供一个平静和安全的环境，提供积极的强化，并逐渐让我们接触新的经历，以帮助我们建立信心．您的理解和耐心对我们来说意味着整个世界！

现在，让我们来谈谈是什么让我们的员工真正感到高兴．我们靠爱、关注和充足的玩耍时间而茁壮成长！我们喜欢成为一个充满活力、充满爱心的家庭的一部分，享受每天的散步、互动游戏和培训课程．精神和身体刺激是让我们保持快乐和满足的关键．哦，还有揉肚子！我们绝对会为腹部按摩而融化！

探索狗生的黑暗面

说到睡眠，我们并不是最懒的狗，但我们很欣赏我们美丽的休息. 我们每天需要大约 12 到 14 小时的睡眠来给身体充电. 你可能会发现我们在我们最喜欢的舒适的地方打盹，或者依偎在你旁边的沙发上，梦想着追球和玩我们最喜欢的玩具.

至于我们的生活安排，我们可以适应不同的环境. 无论是宽敞的房子还是舒适的公寓，只要我们有充足的锻炼和与人类共度美好时光，我们就是快乐的露营者. 我们本质上是室内狗，但我们也喜欢与人类一起探索户外冒险.

定期锻炼、均衡饮食和定期兽医检查对于保持我们的健康和繁荣非常重要. 我们可能拥有强壮肌肉的体格，但我们也有需要培养的敏感的一面. 您的爱、关心和负责任的主人翁精神是您能给我们最好的礼物！

总之，亲爱的人类伴侣，我们斯塔福德郡斗牛梗是爱、忠诚和纯粹快乐的结合体. 我们丰富的历史、富有表现力的面孔和对生活的热情使我们真正与众不同. 有了您的爱、指导和大量的抚摸，我们将成为您所能要求的最快乐、最忠诚的伴侣.

那么，让我们一起踏上一生的冒险之旅，充满摇尾巴、流口水的亲吻和难忘的回忆. 我来这里是为了成为你永远的朋友，并给你无尽的爱！

用我所有的爱和摇尾巴，
你的斯塔福郡斗牛梗

狗人士必备指南

第 14 章　　　　　　　　　193

Volpino Italiano
意大利沃尔皮诺

汪汪！这是您可爱的 Volpino Italiano 伙伴，准备分享有关我们令人愉快的品种的所有爪子细节.准备好踏上我们迷人世界的奇妙之旅吧！我们的面积也许很小，但我们的心像意大利乡村一样宽广.

首先，我们来谈谈我们的外表.拥有蓬松毛绒的皮毛和明亮而富有表情的眼睛，我们是可爱的缩影.我们的皮毛有多种颜色，包括白色、奶油色和红色，需要定期梳理才能保持美丽.到处梳理一下，就能让我们的外套保持原始状态，让我们的尾巴高兴地摇动.

别让我们的小身材欺骗了你.我们拥有充满活力的个性！我们以活泼、机敏和对人类家庭的极度忠诚而闻名.我们喜欢陪伴在您身边，无论是每天陪伴您散步、蜷缩在您的腿上拥抱您，还是只是成为任何房间中的焦点.我们迷人的举止和友好的天性使我们成为各个年龄段的人的优秀伴侣.

作为聪明的小狗，我们学习速度很快，并在精神刺激中茁壮成长.通过益智玩具、互动游戏和积极强化训练来调动我们的思维，我们将向您展示我们是多么聪明！我们天生有好奇心，驱使我们探索周围的世界，因此为我们提供充足的精神和身体锻炼机会以使我们保持快乐和平衡非常重要.

当谈到焦虑时，我们中的一些意大利人可能是敏感的灵魂.大声的噪音、新的环境或长时间独处都会让我们感到不安.营造一个平静、舒适的环境我们加上逐步脱敏和积极强化训练，可以帮助缓解我们的担忧.有了您的爱的存在和保证，我们很快就会感到安全.

探索狗生的黑暗面

每个品种的详细信息，您的狗的说明页

生活安排？我们是适应性强的小宝贝.虽然我们可以在公寓和房屋中茁壮成长，但我们很高兴拥有一个安全的户外区域来探索和玩耍.请务必留意我们，因为我们倾向于冒险，可能会尝试追逐任何引起我们注意的东西.

总之，亲爱的人类，我们沃尔皮诺意大利人是一群小小的快乐.我们可爱的外表、友好的性格和智慧使我们成为不可抗拒的伙伴.有了您的爱、关注和充足的游戏时间，我们将成为街区最快乐的 Volpino Italianos！那么，让我们一起踏上一生的愉快冒险，充满摇尾巴、湿吻和无尽的爱.

给你一阵拥抱和摇尾巴，
你的意大利沃尔皮诺

第 14 章

Welsh Springer Spaniel
威尔士史宾格犬

从焦虑到摇尾巴

汪汪！这是您友好的威尔士史宾格犬，它渴望摇动我的尾巴并分享您需要了解的有关我们神奇品种的一切．让我们一起走进威尔士的精彩世界吧！

首先，让我们谈谈我们美丽的外表．我们的皮毛柔软，呈红色和白色，呈波浪状，非常引人注目．我们耷拉着的耳朵和深情的眼睛给我们带来了不可抗拒的魅力，无论我们走到哪里，都会融化人心．无论是在公园里嬉戏还是躺在沙发上，我们美丽的外表总是很引人注目．

但这不仅仅是我们威尔士史宾格犬的外表．我们聪明、活泼、充满活力．我们总是热衷于冒险或捡物游戏，这使我们成为活跃的个人或家庭的绝佳伴侣．我们喜欢锻炼，所以要准备好进行大量的散步、玩耍，甚至进行一些敏捷性训练，以保持我们的身心受到刺激．

说到陪伴，我们以充满爱心和深情的天性而闻名．我们热爱人类家庭，并因成为人类家庭的一员而茁壮成长．无论我们是依偎在沙发上，还是在房子里跟着你，我们都会永远在你身边，准备好亲吻你，高兴地摇尾巴．

现在，我们来谈谈焦虑．像许多狗一样，我们威尔士犬有时会在某些情况下感到焦虑．日常生活的改变、大声的噪音或长时间独处都会让我们感到不安．但不要害怕！我们可以用您的爱、耐心和一点额外的关心来克服这些担忧．建立一个习惯，提供一个舒适的小窝让我们放松，并使用积极强化训练方法可以在很大程度上帮助我们感到安全．

生活安排？我们的适应能力很强，可以适应不同的环境，但我们很高兴拥有一个安全的户外区域来探索和嗅闻我们内心的内容．我们有狩猎和追

探索狗生的黑暗面

踪的本能，因此有机会使用我们的鼻子并从事精神刺激活动对我们的健康很重要.

总之，亲爱的人类，我们威尔士史宾格犬是一群充满爱、活力和忠诚的狗. 我们漂亮的外表、聪明才智和深情的天性使我们成为那些欣赏活跃而可爱的毛茸茸朋友的人的完美伴侣. 有了您的爱和关注，我们将成为该街区最快乐的威尔士人，准备好与您一起踏上一生的快乐冒险.

给你摇摆和亲吻，你的
威尔士史宾格犬

第 14 章

**Yorkshire Terrier
约克夏犬**

从焦虑到摇尾巴

汪汪！嘿，我的人类朋友！您的约克夏朋友在这里为您提供有关我们约克夏犬的所有有趣的细节. 准备好进入我们的世界进行一次精彩的旅程吧！

首先，我们来谈谈我们的品种. 我们约克夏身材虽小，但个性却很大. 我们起源于英国，最初是为了在纺织厂捕鼠而饲养的. 不过，不要让我们小小的身材欺骗了您 - 我们拥有勇敢无畏的精神，这使我们脱颖而出！

现在，让我们谈谈我们独特的声音语言. 我们虽然很小，但我们的叫声却威力十足！当我们发出一系列快速的吠叫时，这通常是我们让你知道某人或某物正在接近我们领地的方式. 当我们发出高亢、兴奋的叫声时，这意味着我们充满了喜悦，准备好享受乐趣了！

说到焦虑，我们约克夏人有时会有点敏感. 在不熟悉的情况下或周围有很大的噪音时，我们可能会感到有点紧张. 为我们提供一个安全舒适的休息空间，用舒缓的话语给予我们温柔的安慰，并给我们足够的拥抱，可以帮助我们平静焦虑的心. 请记住，您的爱的存在对我们来说意味着整个世界！

现在，让我们深入探讨一下我们的喜好和厌恶. 约克夏犬以其优雅迷人的外表而闻名. 我们喜欢用甜美、丝滑的外套和时尚的配饰来炫耀我们的东西. 修饰对于让我们保持最佳状态至关重要，因此定期梳理毛发、理发以及偶尔去狗狗水疗中心会让我们感觉像皇室成员一样！

探索狗生的黑暗面

在睡眠方面，我们可能很小，但我们仍然需要美容休息．我们通常每天需要大约 14 到 16 小时的睡眠来给我们的小电池充电．因此，如果您发现我们蜷缩在房子里最舒适的地方，梦想着玩耍和享用美味佳肴，请不要感到惊讶．

至于我们的居住安排，我们可以很好地适应室内和室外环境．然而，我们的小尺寸使我们更适合室内生活方式．我们喜欢与我们的人类伙伴保持亲密关系，并依偎在他们的腿上，享受美好的亲密时光．为我们创造一个安全、丰富的室内环境，配有玩具、柔软的床和互动的游戏时间，会让我们高兴地摇尾巴！

为了确保我们的福祉，主人必须为我们提供精神刺激和社交活动．每天在附近散步、互动益智玩具和服从训练课程将使我们保持头脑敏锐、摇尾巴．积极的强化和温柔的指导对我们来说会产生奇迹，因为我们对爱和奖励的反应最好．

总之，亲爱的人类，我们约克夏人精力充沛、深情而迷人．我们品种独特的声音、需求和迷人的天性使我们与众不同．有您的爱、关心和大量的抚摸，我们将成为您身边最快乐、最时尚的伴侣！
那么，让我们一起踏上这次冒险吧，我的人类朋友．在您的指导和无尽的关爱下，我们将建立持续一生的纽带．准备好迎接摇尾巴、可爱的滑稽动作和约克夏的爱吧！

很多的爱和流口水的吻，
你的约克夏犬

第 15 章

从焦虑到摇尾巴

10 个优秀网站

汪汪！作为一个了解焦虑挑战的毛茸茸的朋友，我在这里分享一些可以帮助您和您珍贵的小狗的爪子网站.这些网站为管理狗的焦虑提供了宝贵的资源、技巧和支持.从了解焦虑的迹象和原因到实施有效的减压技术，这些网站已经涵盖了所有内容.

- **PetMD**

让我向您介绍 PetMD，这是一个提供宠物健康和护理所有内容的完美在线目的地！它就像一个虚拟的狗公园，为狗、酷猫和其他毛茸茸的朋友提供有价值的信息. PetMD 涵盖了我们的狗可能面临的各种健康状况，从常见的鼻塞到严重的问题，帮助宠物父母识别症状并就我们的健康做出明智的决定.他们还提供有关狗的营养、行为、训练、美容和预防护理的建议.这是满足我们所有健康和幸福需求的一站式资源！ 扫描二维码或使用链接. https://www.petmd.com/

- **Fear Free Happy Homes 无忧快乐之家**是宠物主人的宝库，充满了资源和建议.他们的网站涵盖了从管理狗的焦虑到一般宠物行为和健康的所有内容.深入研究他们收集的文章、视频、网络研讨会，并且不要忘记探索他们富有洞察力的播客.扫描二维码或使用链接.
https://www.fearfreehappyhomes.com/

探索狗生的黑暗面

10 个优秀网站

- **Whole Dog Journal** 就是我们的地方——它是一个网站和杂志，里面充满了所有的狗！他们提供了有关焦虑的独家新闻，其中包括有关发现和处理焦虑的文章，以及消除焦虑的好东西的评论.对于努力为我们提供最好的幼犬父母来说，这是一流的资源.所以，让我们在沙发上放松一下，一起阅读我们的杂志，别忘了也给我一份礼物.纬！扫描二维码或使用链接.
http://www.whole-dog-journal.com

- **Bondivet** 是一个澳大利亚网站，提供有关宠物健康和保健的资源和建议.他们提供与宠物护理相关的各种主题（包括行为和训练）的文章、视频和其他资源.还有澳大利亚兽医诊所和医院的目录，以及宠物主人可以提出问题和分享建议的论坛.扫描二维码或使用链接. https://bondivet.com

- **DogTV 狗电视** 天哪，你能相信我们有令人惊叹的电视频道吗？！您会在那里找到大量视频 - 从舒缓的曲调到禅宗视觉效果，甚至还有一些特殊的狗狗表演.它就像我们自己的娱乐中心，非常适合人类不在身边时使用.这就像屏幕上有一个毛茸茸的朋友，陪伴着我们，帮助我们战胜孤独和无聊.这就像数字世界中摇尾巴的游乐场.DogTV.com 就像狗的梦想成真！扫描二维码或使用链接.
https://www.dogtv.com/

第 15 章

- **Thundershirt 雷霆衬衫**.汪汪，还记得我在第五章中咆哮过这件事吗？这家强大的公司制作的东西让我们保持冷静和放松.他们的明星产品 ThunderShirt 紧紧地拥抱着我们，以缓解焦虑.该网站分享了这种神奇包裹的工作原理，并为您获取用于处理狗狗压力的资源和文章.对于寻求非侵入性解决方案来帮助安抚焦虑的狗狗的宠物主人来说，这是一个宝贵的资源.扫描二维码或使用链接.

从焦虑到摇尾巴

https://thundershirt.com/

- **Veterinarian Chat 兽医聊天**：让我兴奋地摇尾巴，告诉你一个名为"在线询问兽医"的爪子网站！

这就像您触手可及的虚拟兽医诊所！他们拥有超过 12,000 名专家，支持 196 个国家、700 个类别、4 种语言！从健康问题到行为怪癖，专业兽医都会为您的毛茸茸的伴侣提供帮助并提供最佳建议.扫描二维码或使用链接.

https://www.askaveterinarianonline.com/

- **Pitpat** 我总是担心走散或迷路，但你猜怎么着？有一个叫 PitPat 的神奇设备！它不仅仅是一个网站；它是一个网站.这是一款适合狗狗的超级英雄小玩意.这是一个挂在我衣领上的微型设备，可以记录我的移动量——步数、距离，甚至燃烧的卡路里！它可以与你手机上的一个很酷的应用程序进行交互，你可以在其中查看我的所有活动数据并为我设定锻炼目标. PitPat 就像我的助手，帮助您确保我保持活跃和健康.这是一款完美的工具，可以监控我的日常锻炼情况.扫描二维码或使用链接.

https://www.pitpat.com/

探索狗生的黑暗面

10 个优秀网站

- **Calm Canine Academy 平静犬类 学院** 帮助我们的狗成为处理独处的专家.该网站拥有大量令人惊叹的资源和培训计划,可以教我们如何在独自一人时感到更加自信和快乐.他们提供分步指南和有趣的互动课程,让学习变得充满乐趣.因此,如果您想确保您的毛茸茸的伙伴在您不在身边时也能感受到爪子般的感觉,请查看此网站.这就像有一个私人教练只是为了治疗分离焦虑!让我们向世界证明,我们可以像冠军一样应对孤独.扫描二维码或使用链接.

https://www.calmcanineacademy.com/separation-skills-1

- **k9ti** 是在线培训专家.这个网站是关于 K9(犬类)训练和行为的.它为想要加深对训练技巧、行为矫正和毛茸茸朋友的整体福祉的狗主人和爱好者提供了宝贵的信息和资源.从基本服从到高级技能,您会找到提示、文章,甚至在线课程来帮助您构建 与您的小狗建立更牢固的联系并增强他们的训练经验.因此,如果您想释放您的狗的潜力并开始爪子训练之旅,这个网站就是一个知识宝库.享受探索和快乐训练! 扫描二维码或使用链接.

https://k9ti.org/

请记住,这些网站和在线资源旨在提供额外的信息和支持.还有数百个其他有用的网站.请务必咨询兽医或经过认证的专业人士,以获得针对您的狗的需求的个性化指导.

第 16 章

从焦虑到摇尾巴

来源和参考文献
哪里可以更深入地挖掘

嘿,我好奇的人类朋友们!如果您渴望获得更多知识并想要进一步探索,这里有一些值得您深入研究的有价值的资源和参考资料.这些宝石将帮助您继续理解和支持您毛茸茸的好朋友的旅程:

✓ **ABA (Animal Behavior Associates)动物行为协会**,由 Suzanne Hetts 博士共同创立.和 Daniel Estep 博士都是经过认证的应用动物行为学家,是您获得宠物行为(尤其是狗)的专家指导的首选.他们提供文章、网络研讨会和大量资源来解决焦虑等宠物问题.他们的网站甚至还有经过认证的

动物行为学家名录,他们可以提供量身定制的建议和治疗计划. Animal Behaviour Associates 致力于帮助宠物主人解读毛茸茸朋友的行为,并找到常见问题的有效解决方案.扫描二维码或使用链接.- https://animalbehaviorassociates.com

✓ **The National Canine Research Council (NCRC) 国家犬类研究委员会** 是一个非营利性的犬类行为科学研究机构,致力于通过科学的方法来探寻犬类行为的真相.他们收集了研究成果,分析了数据,然后大声说出了关键发现,使科学更容易为每个人所理解.浏览他们的资源页面,您会发现一长串令人难以置信的

资源公司,可以帮助包括狗在内的宠物扫描二维码或使用链接.
https://nationalcanineresearchcouncil.com/

探索狗生的黑暗面

✓ **UF Health**（佛罗里达大学）指导您找到合适的品种！这就像一个有趣的游戏，可以帮助我们人类学习如何区分不同的狗品种.你知道，就像区分小猎犬和边境牧羊犬，或者判断我是拉布拉多犬还是德国牧羊犬！这就像一个狗狗侦探游戏，我们人类可以成为识别品种的专家.扫描二维码或使用链接.
https://sheltermedicine.vetmed.ufl.edu/

✓ **遗传和焦虑**：您是否想过我们的基因与焦虑之间存在着令人着迷的联系？嗯，有一篇有趣的科学文章您可能会喜欢阅读.这项研究探讨了与狗的焦虑相关的遗传因素，揭示了特定基因如何导致我们的焦虑倾向.这是一项令人兴奋的研究，它揭示了我们毛茸茸的朋友焦虑的潜在生物学原理.享受探索科学奇迹的乐趣！ 扫描二维码或使用链接.
https://www.nature.com/articles/s41598-020-59837-z

✓ 专注小狗！ **Smart Dog University 智能狗大学**是一个起点！这个网站有一篇关于理解和解决分离问题的博文，作为一只小狗就像是一个人类小孩.这是我们像海绵一样吸收知识的时候.该网站是您良好开端的启动板，拥有博客、资源、服务、网络研讨会等宝库.请记住，即使您是犬类天才，小狗训练也需要专业知识！向专业人士学习，成为更好的幼犬父母！ 从小狗大学毕业有很多好处，包括减少它们未来的焦虑.扫描二维码或使用链接. https://smartdoguniversity.com/

请记住，我了不起的人类，这些资源只是尾巴的尖端！<u>不断探索，不断学习，不断用知识摇尾巴</u>.您知道的越多，您就越能提供狗所需的爱、关怀和支持.

狗人士必备指南

第 17 章

从焦虑到摇尾巴

10 个超级有用的表格

准备好深入研究 10 个关于我的 40 个不同品种朋友的超级有用的电子表格.这些表格是信息的宝库,可让您对我们进行比较,并了解我们的独特特征、健康提示、仪容需求、训练习惯,甚至是我们最喜欢的午睡和散步时间.

但这还不是全部!这些表格非常独特,因为它们还深入研究了我们焦虑的深度,分享了需要注意的迹象以及可能导致我们尾巴下垂的原因.如果我错过了任何内容或者您有任何疑问,请给我发电子邮件.当我们踏上这段理解和照顾毛茸茸的伙伴的不可思议的旅程时,让我们一起确保不遗漏任何细节!纬!

大家好!当你深入阅读其余章节时,我将摇着尾巴,和我的人类朋友一起愉快地散步.啊,阳光明媚,微风徐徐,还有那么多的气味等待探索!照顾毛茸茸的自己与扩展我们的知识同样重要.所以,请继续阅读,我稍后会跟您联系.祝各位爱狗人士,旅途愉快!纬!

探索狗生的黑暗面

40流行品种特征，第1部分					
品种	尺寸	气质	运动需求	与儿童的兼容性	与其他宠物的兼容性
阿拉斯加雪橇犬	大的	独立、精力充沛	高的	缓和	低的
澳洲牧牛犬	中等的	聪明、精力充沛	高的	缓和	低的
澳大利亚牧羊犬	中等的	智能、主动	高的	高的	缓和
比格犬	小的	友善、好奇	缓和	高的	高的
比利时玛利诺犬	大的	保护性、忠诚	高的	低的	低的
伯恩山犬	大的	温柔、善良	缓和	高的	高的
比熊犬	小的	俏皮、深情	缓和	高的	高的
边境牧羊犬	中等的	聪明、精力充沛	高的	缓和	缓和
波士顿梗犬	小的	友善、活泼	缓和	高的	低的
拳击手	大的	顽皮、精力充沛	高的	高的	低的
布列塔尼	中等的	活跃、多才多艺	高的	高的	高的
斗牛犬（英语/法语）	中等的	温顺、随和	低的	高的	低的
卡斯罗	大的	自信、聪明	缓和	低的	低的
卡迪根威尔士柯基犬	中等的	警惕、深情	缓和	高的	缓和
骑士查理王小猎犬	小的	深情、温柔	缓和	高的	高的
奇瓦瓦州	小的	活泼、勇敢	低的	低的	低的
可卡犬	中等的	温柔、聪明	缓和	高的	高的
腊肠犬	小的	好奇、聪明	缓和	高的	缓和
杜宾犬	大的	忠诚、无畏	高的	低的	低的
英国可卡犬	中等的	快乐、聪明	缓和	高的	高的
英国塞特犬	大的	温柔、善良	高的	高的	缓和
德国牧羊犬	大的	忠诚、自信	高的	高的	高的
莱昂伯格	巨大的	温柔、友善	缓和	高的	缓和

第 17 章

40流行品种特征，第2部分					
品种	尺寸	气质	运动需求	与儿童的兼容性	与其他宠物的兼容性
马耳他语	小的	性情甜美、活泼	低的	高的	高的
迷你雪纳瑞	小的	无畏、有精神	缓和	缓和	高的
挪威猎麋犬	中等的	大胆、警觉	缓和	高的	缓和
贵宾犬（标准/迷你/玩具）	各不相同	智能、主动	缓和	高的	高的
葡萄牙水犬	中等的	智能、主动	高的	高的	高的
哈巴狗	小的	迷人、调皮	低的	高的	缓和
罗威纳犬	大的	冷静、勇敢	高的	低的	低的
柴犬	中等的	警报、活跃	高的	低的	低的
西施犬	小的	深情、俏皮	低到中等	高的	高的
西伯利亚雪橇犬	中等的	外向、调皮	高的	中到高	低的
斯塔福郡斗牛梗	中等的	大胆、深情	高的	低的	高的
意大利沃尔皮诺	小的	活跃、警觉	缓和	缓和	缓和
威尔士史宾格犬	中等的	友善、温柔	高的	缓和	高的
约克夏犬	小的	深情、有精神	低的	高的	缓和
金毛猎犬	大的	聪明、友善	高的	高的	高的
大丹犬	巨大的	温柔、友善	低到中等	高的	低的
拉布拉多猎犬	大的	性格外向，脾气暴躁	高的	高的	高的

请注意，该表提供了每个品种特征的总体概述. 个别狗可能会在其品种内表现出差异. 在做出决定之前，进行进一步的研究并咨询特定品种的专家或信誉良好的来源以获得更详细和准确的信息非常重要. 此外，请记住，适当的培训、社交和护理对于任何品种在充满爱和支持的环境中茁壮成长至关重要.

从焦虑到摇尾巴

探索狗生的黑暗面

40种流行品种的焦虑类型、水平和体征，第1部分

品种名称	焦虑型	焦虑程度	焦虑迹象
阿拉斯加雪橇犬	分离焦虑	缓和	嚎叫、过度吠叫、挖掘、逃跑、踱步、破坏性行为（刮擦门窗）
澳洲牧牛犬	分离焦虑	高的	过度吠叫、破坏性行为、踱步、焦躁不安、对声音过敏
澳大利亚牧羊犬	广泛性焦虑、分离焦虑	中等的	过度咬人、强迫性行为、焦躁不安、寻求安慰、破坏性、踱步
比格犬	分离焦虑	高的	过度嚎叫、挖掘、破坏性行为、踱步、焦躁不安、试图逃跑
比利时玛利诺犬	分离焦虑	高的	过度吠叫、破坏性行为（咀嚼家具或物品）、焦躁不安、踱步、试图逃跑
伯恩山犬	噪音焦虑、分离焦虑	低的	躲藏、寻求安慰、气喘吁吁、踱步、烦躁、破坏性、对声音过敏
比熊犬	社交焦虑、分离焦虑	低的	过度颤抖、恐惧、回避社交、分离困扰、寻求安慰、破坏性、不安
边境牧羊犬	分离焦虑	高的	过度的羊群行为、焦躁不安、踱步、破坏性行为、发声、强迫行为、对声音过敏
波士顿梗犬	噪音焦虑、分离焦虑	中等的	过度喘气、寻求安慰、不安、破坏性、过度吠叫、对声音过敏
拳击手	广泛性焦虑	高的	踱步、过度流口水、烦躁、多动、破坏性行为、强迫行为
布列塔尼	噪音焦虑	缓和	气喘吁吁、发抖、躲藏、寻求安慰、焦躁不安、踱步、在巨响或雷暴时试图逃跑
斗牛犬（英语/法语）	社交焦虑、分离焦虑	中等的	回避社交场合、害怕陌生人、分离痛苦、过度流口水、破坏性行为、气喘吁吁、踱步

第 17 章

品种名称	焦虑型	焦虑程度	焦虑迹象
\multicolumn{4}{c}{40 流行品种的焦虑类型、水平和迹象，第 2 部分}			
卡斯罗	普遍焦虑	缓和	过度吠叫、咆哮、攻击性、破坏性行为（咀嚼物体或家具）、烦躁、强迫行为
卡迪根威尔士柯基犬	噪音焦虑	低的	气喘吁吁、颤抖、寻求安慰、畏缩、试图隐藏、焦躁不安、在喧闹声或烟花中踱步
骑士查理王小猎犬	分离焦虑	低的	过度抱怨、分离痛苦、寻求安慰、破坏性行为、焦躁不安
奇瓦瓦州	社交焦虑、分离焦虑	高的	过度颤抖、攻击性、恐惧、过度吠叫、躲藏、寻求安慰、分离困扰、回避社交互动
可卡犬	噪音焦虑、分离焦虑	中等的	躲藏、过度吠叫、气喘吁吁、颤抖、破坏性、焦躁不安、对声音过敏
腊肠犬	分离焦虑	中等的	过度哀嚎、自毁行为、烦躁、挖掘、试图逃跑、对声音过敏
杜宾犬	社交焦虑	高的	可怕的肢体语言、回避、攻击性、不安、过度吠叫、气喘吁吁、颤抖、对声音过敏
英国可卡犬	普遍焦虑	缓和	过度吠叫、哀嚎、烦躁、强迫行为（追尾巴、舔爪子）、分离焦虑、寻求持续关注
英国塞特犬	广泛性焦虑、分离焦虑	中等的	过度踱步、颤抖、不安、寻求安慰、破坏性行为、分离困扰
德国牧羊犬	噪音焦虑、分离焦虑	高的	气喘吁吁、颤抖、躲藏、哀嚎、过度吠叫、破坏性、试图逃跑、对声音过敏、踱步、焦躁不安
金毛猎犬	广泛性焦虑、分离焦虑	低的	焦躁不安、过度梳理毛发、寻求安慰、强迫行为、高度警惕、气喘吁吁、颤抖

探索狗生活的阴暗面

40流行品种的焦虑类型、水平和体征，第3部分			
品种名称	焦虑型	焦虑程度	焦虑迹象
大丹犬	噪音焦虑、分离焦虑	低的	躲藏、寻求安慰、气喘吁吁、颤抖、踱步、焦躁不安、对声音过敏
拉布拉多猎犬	分离焦虑	中等的	过度吠叫、破坏性行为、踱步、流口水、试图逃跑
莱昂伯格	分离焦虑	缓和	过度哀嚎、呜咽、踱步、烦躁、破坏性行为（刮门或家具）、流口水
马耳他语	分离焦虑	低的	过度咀嚼、排尿、烦躁、寻求安慰、分离困扰
迷你雪纳瑞	分离焦虑	中等的	过度吠叫、挖掘、踱步、烦躁、破坏性行为、对声音过敏
挪威猎麋犬	噪音焦虑	缓和	嚎叫、踱步、躲藏、寻求安慰、颤抖、烦躁、在大声喧哗或烟花时试图逃跑
贵宾犬（标准/迷你/玩具）	噪音焦虑、分离焦虑	低的	颤抖、寻求安慰、躲藏、过度吠叫、破坏性、气喘吁吁、踱步
葡萄牙水犬	普遍焦虑	低的	过度吠叫、气喘吁吁、焦躁不安、踱步、强迫行为（舔、咀嚼）、寻求持续关注、分离焦虑
哈巴狗	广泛性焦虑	低的	过度舔舐、粘人、寻求安慰、过度警惕、坐立不安、分离困扰
罗威纳犬	社交焦虑	高的	攻击性、恐惧、回避社交、过度警惕、焦躁不安、过度吠叫
柴犬	噪音焦虑、分离焦虑	中等的	过度发声、隐藏、烦躁、破坏性、试图逃跑、对声音过敏

第 17 章

40 种流行品种的焦虑类型、水平和体征，第 4 部分			
品种名称	焦虑型	焦虑程度	焦虑迹象
西施犬	分离焦虑	低的	过度吠叫、焦躁不安、颤抖、寻求安慰、分离痛苦、破坏性行为
西伯利亚雪橇犬	广泛性焦虑、分离焦虑	高的	过度逃跑尝试、破坏性行为、嚎叫、踱步、烦躁、挖掘、自残、试图逃跑、高度警惕
斯塔福郡斗牛梗	广泛性焦虑	高的	攻击性、过度喘气、烦躁、破坏性行为、分离痛苦、对声音过敏
意大利沃尔皮诺	分离焦虑	低的	过度哀嚎、吠叫、破坏性（咀嚼物体或家具）、粘人、踱步、试图逃跑
威尔士史宾格犬	普遍焦虑	低的	过度吠叫、哀嚎、烦躁、强迫行为（追尾巴、舔爪子）、分离焦虑、寻求持续关注
约克夏犬	噪音焦虑、分离焦虑	低的	躲藏、过度吠叫、颤抖、喘气、寻求安慰、不安、破坏性

请记住，每只狗的焦虑程度可能有所不同，并且它们可能受到遗传、成长方式和周围环境等因素的影响.

表中提到的标志只是一般指示，它们可能不适用于我们品种的每只狗.这就是为什么对于我们慈爱的主人来说，咨询兽医或专业行为学家是如此重要.他们可以提供全面的评估，并根据我们的独特需求为我们提供量身定制的指导.在他们的帮助下，我们可以更好地理解和管理我们的焦虑，从而过上更快乐、更积极的生活.

40 个流行品种的焦虑迹象和根本原因，第 1 部分		
品种	焦虑迹象	根本原因
阿拉斯加雪橇犬	过度嚎叫或抱怨、破坏性行为	分离焦虑、缺乏精神刺激
澳洲牧牛犬	多动、烦躁、咬人或羊群行为	缺乏身心锻炼、无聊
澳大利亚牧羊犬	过度吠叫、强迫行为、焦躁不安	缺乏精神刺激，分离焦虑
比格犬	过度的吠叫、挖掘或逃跑行为	无聊、缺乏精神和身体锻炼
比利时玛利诺犬	过度警惕、多动、攻击性	缺乏精神和身体锻炼，缺乏安全感
伯恩山犬	流口水过多、破坏性行为、退缩	分离焦虑、害怕噪音
比熊犬	过度吠叫、分离焦虑、颤抖	分离焦虑，害怕独处
边境牧羊犬	强迫行为、羊群倾向、节奏	缺乏精神刺激，羊群本能
波士顿梗犬	过度活跃、破坏性咀嚼、过度舔舐	无聊、分离焦虑
拳击手	跳到人身上、过度贪玩、焦躁不安	缺乏体育锻炼、分离焦虑
布列塔尼	紧张、分离焦虑、破坏性行为	缺乏精神刺激，害怕独处
斗牛犬（英语/法语）	气喘吁吁、流口水过多、回避行为	害怕某些情况、呼吸系统问题
卡斯罗	攻击性行为、防御倾向、多动症	缺乏社交、缺乏安全感
卡迪根威尔士柯基犬	恐惧行为、过度吠叫、分离焦虑	缺乏社交，害怕孤独
骑士查理王小猎犬	害羞、顺从的行为、隐藏或畏缩	缺乏社交，害怕新环境
奇瓦瓦州	过度吠叫、颤抖或颤抖、具有攻击性	对陌生人的恐惧，基于恐惧的攻击性
可卡犬	过度舔舐、分离焦虑、恐惧	分离焦虑、害怕被遗弃
腊肠犬	过度吠叫、躲藏或挖洞、具有攻击性	基于恐惧的攻击性、缺乏社交
杜宾犬	过度警惕、防御行为、攻击性	缺乏社交、基于恐惧的攻击性
英国可卡犬	顺从排尿、分离焦虑、恐惧	分离焦虑、害怕惩罚
英国塞特犬	分离焦虑、破坏性行为、不安	缺乏精神和身体锻炼，感到无聊
德国牧羊犬	过度吠叫、踱步、高度警惕	缺乏精神和身体锻炼，缺乏安全感

第 17 章

品种	焦虑迹象	根本原因
金毛猎犬	过度咀嚼、寻求注意力的行为	分离焦虑、缺乏精神刺激
大丹犬	害羞、恐惧、分离焦虑	缺乏社交，害怕新环境
拉布拉多猎犬	过度咀嚼、多动、烦躁	缺乏精神和身体锻炼，感到无聊
莱昂伯格	分离焦虑、粘人行为、破坏性咀嚼	缺乏精神刺激，害怕独处
马耳他语	过度吠叫、颤抖或摇晃、躲藏	分离焦虑、对新环境的恐惧
迷你雪纳瑞	对陌生人有攻击性、过度吠叫	对陌生人的恐惧，基于恐惧的攻击性
挪威猎麋犬	破坏性行为、过度嚎叫或吠叫	分离焦虑、无聊
贵宾犬（标准/迷你/玩具）	粘人、分离焦虑、不安	缺乏精神刺激，害怕独处
葡萄牙水犬	过度吠叫、破坏性行为、多动症	缺乏精神和身体锻炼，感到无聊
哈巴狗	气喘吁吁、喘息、呼吸困难	呼吸问题、分离焦虑
罗威纳犬	攻击性行为、戒备倾向、恐惧	缺乏社交、基于恐惧的攻击性
柴犬	恐惧行为，对陌生人有攻击性	对陌生人的恐惧，基于恐惧的攻击性
西施犬	过度吠叫、分离焦虑、粘人	分离焦虑、害怕独处
西伯利亚雪橇犬	过度嚎叫、破坏性行为、逃避现实	无聊、分离焦虑
斯塔福郡斗牛梗	对其他狗有攻击性、多动症	基于恐惧的攻击性、缺乏社交
意大利沃尔皮诺	过度吠叫、焦躁不安、破坏性行为	分离焦虑、害怕独处
威尔士史宾格犬	恐惧行为、分离焦虑、过度舔舐	缺乏社交，害怕孤独
约克夏犬	过度吠叫、害羞、攻击性	基于恐惧的攻击性、缺乏社交

40 个流行品种的焦虑迹象和根本原因，第 2 部分

请注意，此表提供一般信息，个别狗的焦虑迹象和根本原因可能有所不同. 如果您怀疑您的狗正在经历焦虑，请务必咨询兽医或专业的狗行为学家，以获得全面的评估和个性化指导.

探索狗生的黑暗面

40热门品种的卫生细节，第1部分							
品种	美容需求	外套类型	脱落程度	频率	刷牙	沐浴	修剪
阿拉斯加雪橇犬	高的	双倍的	高的	常规的	日常的	每月	偶然
澳洲牧牛犬	低的	短的	缓和	常规的	每周	每月	如所须
澳大利亚牧羊犬	缓和	中/长	缓和	常规的	每周	每月	偶然
比格犬	低的	短的	低的	常规的	每周	每月	如所须
比利时玛利诺犬	缓和	短的	缓和	常规的	每周	每月	如所须
伯恩山犬	高的	长的	高的	常规的	日常的	每月	偶然
比熊犬	高的	卷曲	低的	常规的	日常的	每月	经常
边境牧羊犬	缓和	中/长	缓和	常规的	每周	每月	偶然
波士顿梗犬	低的	短的	低的	常规的	每周	每月	如所须
拳击手	低的	短的	低的	常规的	每周	每月	如所须
布列塔尼	缓和	中等的	缓和	常规的	每周	每月	偶然
斗牛犬（英语/法语）	低的	短的	低的	常规的	每周	每月	如所须
卡斯罗	低的	短的	低的	常规的	每周	每月	如所须
卡迪根威尔士柯基犬	缓和	中等的	缓和	常规的	每周	每月	偶然
骑士查理王小猎犬	缓和	中/长	缓和	常规的	每周	每月	偶然
奇瓦瓦州	低的	短的	低的	常规的	每周	每月	如所须
可卡犬	高的	中/长	高的	常规的	日常的	每月	经常
腊肠犬	低的	短的	低的	常规的	每周	每月	如所须
杜宾犬	低的	短的	低的	常规的	每周	每月	如所须
英国可卡犬	高的	中/长	高的	常规的	日常的	每月	经常
英国塞特犬	高的	长的	高的	常规的	日常的	每月	经常
德国牧羊犬	缓和	中/长	缓和	常规的	每周	每月	偶然
金毛猎犬	高的	长的	高的	常规的	日常的	每月	偶然

第 17 章

品种	美容需求	外套类型	脱落程度	频率	刷牙	沐浴	修剪
40 热门品种的卫生细节，第 2 部分							
大丹犬	低的	短的	低的	常规的	每周	每月	如所须
拉布拉多猎犬	低的	短的	低的	常规的	每周	每月	如所须
莱昂伯格	高的	长的	高的	常规的	日常的	每月	偶然
马耳他语	高的	长的	低的	常规的	日常的	每月	经常
迷你雪纳瑞	高的	刚毛的	低的	常规的	日常的	每月	经常
挪威猎麋犬	缓和	短的	缓和	常规的	每周	每月	如所须
贵宾犬（标准/迷你/玩具）	高的	卷曲	低的	常规的	日常的	每月	经常
葡萄牙水犬	高的	卷曲	低的	常规的	日常的	每月	经常
哈巴狗	低的	短的	低的	常规的	日常的	每月	如所须
罗威纳犬	低的	短的	低的	常规的	每周	每月	如所须
柴犬	缓和	双倍的	缓和	常规的	每周	每月	如所须
西施犬	高的	长的	低的	常规的	日常的	每月	经常
西伯利亚雪橇犬	缓和	中等的	高的	常规的	每周	每月	偶然
斯塔福郡斗牛梗	低的	短的	低的	常规的	每周	每月	如所须
意大利沃尔皮诺	缓和	双倍的	缓和	常规的	每周	每月	如所须
威尔士史宾格犬	缓和	中/长	缓和	常规的	每周	每月	偶然
约克夏犬	高的	长的	低的	常规的	日常的	每月	经常
请注意，该表提供了总体概述，个别狗可能有不同的特定美容需求．咨询特定品种的美容指南或咨询专业美容师以获得个性化建议总是一个好主意．							

从焦虑到摇尾巴

探索狗生的黑暗面

40个流行品种训练方面表，第1部分					
品种名称	可训练性	智力	运动需求	社交需求	培训技巧
阿拉斯加雪橇犬	缓和	高的	高的	高的	在训练中使用积极强化和一致性
澳洲牧牛犬	高的	高的	高的	高的	提供精神刺激和定期锻炼
澳大利亚牧羊犬	高的	高的	高的	高的	注重精神和身体活动进行训练
比格犬	缓和	缓和	缓和	高的	使用奖励和款待来激励训练
比利时玛利诺犬	高的	高的	高的	高的	将他们的精力投入到结构化培训课程中
伯恩山犬	缓和	平均的	缓和	缓和	使用积极强化和温和的训练方法
比熊犬	缓和	高的	缓和	高的	在训练中使用积极强化和一致性
边境牧羊犬	高的	高的	高的	高的	在训练中提供心理和身体挑战
波士顿梗犬	缓和	平均的	缓和	缓和	在训练中使用积极强化和一致性
拳击手	缓和	平均的	高的	高的	尽早开始训练并使用正强化
布列塔尼	高的	平均的	高的	高的	为训练提供心理和身体锻炼
斗牛犬（英语/法语）	低的	平均的	低的	缓和	在训练中使用积极强化和耐心
卡斯罗	缓和	高的	高的	高的	在培训中建立一致的规则和界限
卡迪根威尔士柯基犬	高的	高的	缓和	高的	使用积极强化和精神刺激

第 17 章

40个流行品种训练方面表，第 2 部分					
品种名称	可训练性	智力	运动需求	社交需求	训练尖端
骑士查理王小猎犬	缓和	平均的	缓和	高的	在训练中使用奖励和积极强化
奇瓦瓦州	低的	平均的	低的	缓和	使用温和的训练方法和积极强化
可卡犬	缓和	平均的	缓和	高的	提供精神刺激和积极强化
腊肠犬	缓和	平均的	缓和	缓和	训练时要有耐心并保持一致
杜宾犬	高的	高的	高的	高的	提供持续的培训和积极的强化
英国可卡犬	缓和	平均的	缓和	高的	在训练中使用积极强化和一致性
英国塞特犬	缓和	平均的	缓和	高的	使用积极强化和精神刺激
德国牧羊犬	高的	高的	高的	高的	提供持续的培训和精神刺激
金毛猎犬	高的	高的	高的	高的	在训练中使用积极强化和一致性
大丹犬	低的	平均的	缓和	缓和	尽早开始训练并采用温和的训练方法
拉布拉多猎犬	高的	高的	高的	高的	在训练中使用积极强化和一致性
莱昂伯格	缓和	高的	高的	高的	使用正强化和社交训练
马耳他语	缓和	平均的	低的	高的	使用正强化并在训练中保持耐心
迷你雪纳瑞	缓和	高的	缓和	高的	在训练中使用积极强化和一致性

探索狗生的黑暗面

40个流行品种训练方面表，第3部分					
品种名称	可训练性	智力	运动需求	社交需求	训练尖端
挪威猎麋犬	缓和	平均的	高的	高的	尽早开始训练并提供精神刺激
贵宾犬（标准/迷你/玩具）	高的	高的	缓和	高的	使用积极强化和精神刺激
葡萄牙水犬	高的	高的	高的	高的	为训练提供心理和身体锻炼
哈巴狗	低的	平均的	低的	缓和	使用正强化并在训练中保持耐心
罗威纳犬	缓和	高的	高的	高的	建立一致的领导和界限
柴犬	缓和	平均的	高的	缓和	在训练中使用积极强化和一致性
西施犬	低的	平均的	低的	缓和	在训练中使用奖励和积极强化
西伯利亚雪橇犬	缓和	高的	高的	高的	使用正强化并提供充足的锻炼
斯塔福郡斗牛梗	缓和	平均的	高的	高的	在训练中使用积极强化和一致性
意大利沃尔皮诺	缓和	高的	缓和	高的	使用正强化和社交训练
威尔士史宾格犬	高的	平均的	高的	高的	为训练提供心理和身体锻炼
约克夏犬	缓和	平均的	低的	缓和	在训练中使用积极强化和一致性

请注意，每个品种的可训练性、智力、运动需求、社交需求和训练技巧可能有所不同，而且个别狗可能有独特的特征和要求. 该表提供了总体概述，以指导主人有效地训练他们的狗.
另请记住，亲爱的主人，培训对我们俩来说都应该是一次有趣且引人入胜的经历. 保持会议简短、互动且充满爱.

第 17 章

40 个受欢迎的品种，般健康和年龄数据，第 1 部分					
品种	常见健康问题/倾向	平均寿命	能级	推荐的疫苗接种	预防保健
阿拉斯加雪橇犬	髋关节发育不良、软骨发育不良、白内障	10-14 岁	高的	定期检查	定期锻炼、精神刺激、关节补充剂
澳洲牧牛犬	髋关节发育不良、进行性视网膜萎缩	12-15 岁	很高	预防性疫苗接种	定期锻炼、精神刺激、训练
澳大利亚牧羊犬	髋关节发育不良、牧羊犬眼睛异常、癫痫	12-15 岁	高的	常规兽医护理	规律运动、精神刺激、服从训练
比格犬	椎间盘疾病、癫痫	12-15 岁	缓和	预防性疫苗接种	定期锻炼、精神刺激、体重管理
比利时玛利诺犬	髋关节发育不良、进行性视网膜萎缩	10-12 岁	很高	定期检查	规律运动、精神刺激、服从训练
伯恩山犬	髋关节发育不良、肘部发育不良、癌症	7-10 年	缓和	预防性疫苗接种	定期锻炼、关节补充、定期检查
比熊犬	髌骨脱位、过敏	14-16 岁	缓和	常规兽医护理	定期修饰、牙齿卫生、适当营养
边境牧羊犬	髋关节发育不良、牧羊犬眼睛异常、癫痫	12-15 岁	很高	预防性疫苗接种	规律运动、精神刺激、服从训练
波士顿梗犬	短头颅综合征、髌骨脱位	11-13 岁	缓和	定期兽医护理	定期锻炼、牙齿卫生、体重管理
拳击手	髋关节发育不良、拳击手心肌病	10-12 岁	高的	预防性疫苗接种	定期锻炼、精神刺激、定期检查
布列塔尼	髋关节发育不良、癫痫	12-14 岁	高的	常规兽医护理	规律运动、精神刺激、服从训练
斗牛犬（英语/法语）	短头颅综合症、髋关节发育不良	8-10 年	低到中等	定期检查	定期锻炼、牙齿卫生、体重管理
卡斯罗	髋关节发育不良、扩张型心肌病	9-12 岁	缓和	预防性疫苗接种	定期锻炼、精神刺激、定期检查
卡迪根威尔士柯基犬	进行性视网膜萎缩、椎间盘疾病	12-15 岁	缓和	预防性疫苗接种	定期锻炼、精神刺激、体重管理

从焦虑到摇尾巴

探索狗生的黑暗面

40流行品种,般健康和年龄数据,第2部分

品种	常见健康问题/倾向	平均寿命	能级	推荐的疫苗接种	预防保健
可卡犬	进行性视网膜萎缩、髋关节发育不良	12-15岁	缓和	预防性疫苗接种	定期锻炼、精神刺激、定期检查
腊肠犬	椎间盘疾病、髌骨脱位	12-16岁	缓和	常规兽医护理	定期锻炼、精神刺激、体重管理
杜宾犬	扩张型心肌病、摇摆综合征	10-13岁	高的	预防性疫苗接种	规律运动、精神刺激、服从训练
英国可卡犬	髋关节发育不良、进行性视网膜萎缩	12-14岁	缓和	常规兽医护理	定期锻炼、精神刺激、定期检查
英国塞特犬	髋关节发育不良、甲状腺功能减退症	10-12岁	缓和	预防性疫苗接种	定期锻炼、精神刺激、定期检查
德国牧羊犬	髋关节发育不良、退行性脊髓病	9-13岁	高的	预防性疫苗接种	规律运动、精神刺激、服从训练
金毛猎犬	髋关节发育不良、淋巴瘤、进行性视网膜萎缩	10-12岁	高的	常规兽医护理	定期锻炼、精神刺激、定期检查
大丹犬	扩张型心肌病、胃扩张-肠扭转	6-8岁	低的	预防性疫苗接种	定期锻炼、精神刺激、定期检查
莱昂伯格	髋关节发育不良、骨肉瘤	8-10年	缓和	定期兽医护理	定期锻炼、精神刺激、关节补充剂
马耳他语	髌骨脱位、门体分流术	12-15岁	低的	定期兽医拜访	定期修饰、牙齿卫生、体重管理
迷你雪纳瑞	进行性视网膜萎缩、胰腺炎	12-15岁	缓和	预防性疫苗接种	定期锻炼、精神刺激、定期检查
挪威猎麋犬	髋关节发育不良、进行性视网膜萎缩	12-15岁	缓和	常规兽医护理	定期锻炼、精神刺激、体重管理
贵宾犬（标准/迷你/玩具）	髋关节发育不良、进行性视网膜萎缩	10-18岁	高的	预防性疫苗接种	定期锻炼、精神刺激、定期检查
葡萄牙水犬	髋关节发育不良、进行性视网膜萎缩	10-14岁	缓和	预防性疫苗接种	定期锻炼、精神刺激、定期检查

狗人士必备指南

第 17 章

40 个受欢迎的品种，般健康和年龄数据，第 3 部分

品种	常见健康问题/倾向	平均寿命	能级	推荐的疫苗接种	预防保健
哈巴狗	短头颅综合征、髌骨脱位	12-15 岁	低的	定期兽医护理	定期锻炼、牙齿卫生、体重管理
柴犬	髌骨脱位、过敏	12-15 岁	缓和	定期检查	定期锻炼、精神刺激、牙齿卫生
西施犬	短头颅综合征、髌骨脱位	10-18 岁	低到中等	常规兽医护理	定期修饰、牙齿卫生、体重管理
西伯利亚雪橇犬	髋关节发育不良、进行性视网膜萎缩	12-14 岁	高的	预防性疫苗接种	定期锻炼、精神刺激、定期检查
斯塔福郡斗牛梗	L-2-羟基戊二酸尿症，髌骨脱位	12-14 岁	高的	预防性疫苗接种	定期锻炼、精神刺激、定期检查
意大利沃尔皮诺	髌骨脱位、进行性视网膜萎缩	14-16 岁	缓和	常规兽医护理	定期锻炼、精神刺激、定期检查
威尔士史宾格犬	髋关节发育不良、进行性视网膜萎缩	12-15 岁	缓和	预防性疫苗接种	定期锻炼、精神刺激、定期检查
约克夏犬	门体分流术、气管塌陷	12-15 岁	低到中等	定期兽医拜访	定期锻炼、牙齿卫生、体重管理

请注意，每个品种的可训练性、智力、运动需求、社交需求和训练技巧可能有所不同，而且个别狗可能有独特的特征和要求.该表提供了总体概述，以指导主人有效地训练他们的狗.

另请记住，亲爱的主人，培训对我们俩来说都应该是一次有趣且引人入胜的经历.保持会议简短、互动且充满爱.

从焦虑到摇尾巴

探索狗生活的阴暗面

40 流行品种生理学数据，第 1 部分

品种	尺寸	身高（厘米）	重量（公斤）	外套
阿拉斯加雪橇犬	大的	61 - 66	男：38-50 女：34-40	厚厚的双层被毛
澳洲牧牛犬	中等的	43 - 51	男：15-22 岁 女：14-20 岁	短而浓密的被毛
澳大利亚牧羊犬	中大型	46 - 58	男：25-32 女：16-32 岁	中等长度，双层被毛
比格犬	中小型	33 - 41	41852	短款、时尚的外套
比利时玛利诺犬	中大型	61 - 66	男：25-30 女：22-25	短而浓密的被毛
伯恩山犬	大的	58 - 70	男：45-50 女：38-50	长而厚的波浪外套
比熊犬	中小型	23 - 30	男：3-5.5 女：3-5	卷曲、浓密的被毛
边境牧羊犬	中等的	46 - 53	男：14-20 岁 女：12-15 岁	中等长度，双层被毛
波士顿梗犬	中小型	38 - 43	男：5-11 岁 女：4-7 岁	短而光滑的被毛
拳击手	中大型	53 - 63	男：25-32 女：22-29	短而光滑的被毛
布列塔尼	中等的	43 - 52	男：14-18 岁， 女：12.5-15.5	中长波浪外套
斗牛犬（英语/法语）	中等的	31 - 40	男 22-25 岁 女 18-23 岁	短而光滑的被毛
卡斯罗	大的	64 - 68	男：45-50 女：40-45	短而浓密的被毛
卡迪根威尔士柯基犬	中小型	25 - 31	男：12-17 岁 女：11-15 岁	中等长度、浓密的被毛
骑士查理王小猎犬	中小型	30 - 33	男&女 5-9	丝质长外套
奇瓦瓦州	小小	15 - 23	男&女 1.5-3	短而光滑的被毛
可卡犬	中等的	36 - 41	男：12-16 岁 女：11-14 岁	中长丝质大衣
腊肠犬	中小型	13 - 23	男&女 5-12	短而光滑的被毛
杜宾犬	大的	63 - 72	男：34-45 女：27-41	短而光滑的被毛
英国可卡犬	中等的	38 - 43	男：13-1 女：12-15 岁	中长丝质大衣
英国塞特犬	中大型	61 - 69	男：25-36 岁 女：20-30	丝质长外套
德国牧羊犬	大的	55 - 65	男：30-40 女：22-32	双层被毛，底毛浓密

第 17 章

品种	尺寸	身高（厘米）	重量（公斤）	外套
\multicolumn{5}{c}{40 流行品种生理学数据，第 2 部分}				
金毛猎犬	大的	51 - 61	男：29-34 女：25-32	致密、防水的外套
大丹犬	大巨人	71 - 86	男：54-90 女：45-59	短而光滑的被毛
拉布拉多猎犬	大的	55 - 62	男：29-36 岁 女：25-32	短而浓密的被毛
莱昂伯格	大巨人	65 - 80	男：54-77 女：41-54	致密、防水的外套
马耳他语	小小	20 - 25 次	男：5.5-8 女：4.5-6.5	丝质长外套
迷你雪纳瑞	中小型	30 - 36	男：5-8 岁；女：4-6 岁	双层外套，带钢丝面漆
挪威猎麋犬	中等的	48 - 53	男性：23-28 女性：18-23 岁	双层被毛，底毛浓密
贵宾犬（标准/迷你/玩具）	小大	24 - 60	标准：男性：18-32 女性：18-27 微型：男性：4-6 女性：3.5-5 玩具：男性：2-4 女：2-3	卷曲、低过敏性外套
葡萄牙水犬	中大型	43 - 57	男：19-27 岁 女：16-23 岁	卷曲防水外套
哈巴狗	中小型	25 - 36	男：6-9 岁 女 5-8	短而光滑的被毛
罗威纳犬	大的	56 - 69	男：50-60， 女：35-48	短而浓密的被毛
柴犬	中等的	35 - 43	男：10–11 女性：8–9	双层被毛+直外层被毛
西施犬	小的	20 - 28 日	男性和女性 4-9	长而飘逸的外套
西伯利亚雪橇犬	中大型	50 - 60	男：20-28 岁 女：16-23 岁	厚厚的双层被毛
斯塔福郡斗牛梗	中等的	35 - 40	男性：13–17 岁 女性：11-16 岁	短而光滑的被毛
意大利沃尔皮诺	小的	26 - 30	男：4-5 女 3-4	浓密、双层被毛
威尔士史宾格犬	中等的	46 - 48	男：20-25 岁 女：16-20 岁	中长波浪外套
约克夏犬	小小	17 - 23	男性和女性 2-3	丝质长外套

请注意，所提供的信息是一般性的，即使是同一品种的幼犬，个体之间也可能有所不同. 有必要咨询兽医或专家，以获得针对您的具体狗的个性化建议。

探索狗生的黑暗面

40 流行品种的智力水平，第 1 部分	
第一级：最聪明的狗	这一级别的狗被认为是最聪明的，能够在不到 5 次的重复时间内学会新的命令.他们还倾向于快速理解新命令，并将命令推广到新情况.
第二级：优秀工作犬	这一级别的狗非常聪明，能够在不到 5-15 次重复的情况下学习新命令.他们往往能快速理解新命令，并能将命令推广到新情况.
第三级：高于平均水平的工作犬	这一级别的狗在智力方面被认为高于平均水平，并且可以在不到 15-25 次重复的情况下学习新命令.他们可能需要更多的重复才能理解新命令，但仍然能够将命令推广到新情况.
第四级：普通工作犬	这一级别的狗在智力方面被认为处于平均水平，并且可以在不到 25-40 次重复的情况下学习新命令.他们可能需要更多的重复才能理解新命令，并且可能难以将命令推广到新情况.
第 5 级：公平工作犬	这一级别的狗在智力方面被认为是中等的，并且可以在不到 40-80 次的重复时间内学习新命令.他们可能难以理解新命令，并且可能需要更多重复才能学习它们.
第 6 级：最低工作程度	这一层的狗被认为是最不聪明的，可能难以学习新命令、理解它们或将它们推广到新情况.他们可能需要重复 100 多次才能学习新命令.

品种	1级	2级	3级	4级	5级	6级
阿拉斯加雪橇犬						20%
澳大利亚牛		85%				
澳大利亚牧羊犬		85%				
比格犬						30%
比利时玛利诺犬			30%			
伯尔尼山					50%	
比熊犬						25%
边境牧羊犬	95%					
波士顿梗犬						40%
拳击手				50%		
布列塔尼			30%			
斗牛犬（英语/法语）						40%
卡斯罗						30%

第 17 章

40 流行品种的智力水平，第 2 部分						
品种	1级	2级	3级	4级	5级	6级
卡迪根威尔士柯基犬						80%
骑士查理王小猎犬						50%
奇瓦瓦州						30%
可卡犬						30%
腊肠犬						25%
杜宾犬	85%					
英国可卡犬						50%
英国塞特犬						40%
德国牧羊犬	95%					
金毛猎犬	95%					
大丹犬						25%
拉布拉多猎犬				85%		
莱昂伯格						50%
马耳他语						50%
迷你雪纳瑞						50%
挪威猎麋犬						30%
贵宾犬（标准/迷你/玩具）	95%					
葡萄牙水						50%
哈巴狗						25%
罗威纳犬				85%		
柴犬						40%
西施犬						70%
西伯利亚雪橇犬					85%	
斯塔福郡斗牛梗						40%
意大利沃尔皮诺						没有数据
威尔士史宾格犬			50%			
约克夏犬						30%

请注意，智力可以通过不同的方式来衡量，这只是基于一组特定标准的一个排名。此外，每只狗都是独一无二的，无论品种如何，都可能表现出自己的智力和解决问题的能力。

从焦虑到摇尾巴

探索狗生的黑暗面

40个受欢迎品种的午睡、行走和室内/室外情况，第1部分				
品种	睡眠时间	每日步行时间	运动需求	室内室外
阿拉斯加雪橇犬	14-16日	2-3	高的	户外的
澳洲牧牛犬	12-14日	2-3	高的	户外的
澳大利亚牧羊犬	12-14日	2-3	高的	户外的
比格犬	12-14日	1-2	缓和	两个都
比利时玛利诺犬	12-14日	2-3	高的	户外的
伯恩山犬	14-16日	2-3	缓和	户外的
比熊犬	14-16日	1-2	缓和	室内的
边境牧羊犬	12-14日	2-3	高的	户外的
波士顿梗犬	12-14日	1-2	缓和	两个都
拳击手	12-14日	1-2	高的	室内的
布列塔尼	12-14日	2-3	高的	户外的
斗牛犬（英语/法语）	14-16日	1-2	低的	室内的
卡斯罗	12-14日	1-2	缓和	两个都
卡迪根威尔士柯基犬	12-14日	1-2	缓和	室内的
骑士查理王小猎犬	12-14日	1-2	缓和	室内的
奇瓦瓦州	14-16日	1	低的	室内的
可卡犬	12-14日	1-2	缓和	两个都
腊肠犬	12-14日	1-2	缓和	两个都
杜宾犬	12-14日	2-3	高的	户外的
英国可卡犬	12-14日	2-3	缓和	两个都
英国塞特犬	12-14日	2-3	缓和	户外的
德国牧羊犬	12-14日	2-3	高的	户外的
金毛猎犬	12-14日	2-3	高的	户外的
大丹犬	14-16日	1-2	低的	室内的
拉布拉多猎犬	12-14日	2-3	高的	户外的
莱昂伯格	12-14日	2-3	缓和	户外的
马耳他语	14-16日	1-2	低的	室内的
迷你雪纳瑞	12-14日	1-2	缓和	室内的
挪威猎麋犬	12-14日	1-2	缓和	两个都
贵宾犬（标准/迷你/玩具）	12-14日	1-2	缓和	室内的
葡萄牙水犬	12-14日	2-3	高的	两个都
哈巴狗	14-16日	1-2	低的	室内的
罗威纳犬	12-14日	2-3	高的	户外的

第 17 章

| 40 个受欢迎的品种午睡、行走和室内/室外轮廓，第 2 部分 ||||
品种	睡眠时间	每日步行时间	运动需求	室内室外
柴犬	14-16 日	1-2	缓和	两个都
西施犬	14-16 日	1-2	低的	室内的
西伯利亚雪橇犬	14-16 日	2-3	高的	户外的
斯塔福郡斗牛梗	12-14 日	2-3	高的	两个都
意大利沃尔皮诺	12-14 日	1-2	缓和	室内的
威尔士史宾格犬	12-14 日	2-3	高的	户外的
约克夏犬	14-16 日	1-2	低的	室内的

请记住，这些是一般准则，根据年龄、健康状况和整体能量水平，个别狗的需求可能略有不同. 请务必咨询兽医，以确保您满足毛茸茸的朋友的具体要求. 快乐地打瞌睡和摇摆！

小狗生命阶段的发展

小狗生命阶段发育表

年龄（周）	身体发育	行为发展	培训里程碑	卫生保健	喂食时间表	如厕训练	社会化
1-2	眼睛和耳朵睁开	爬行，行动受限	没有任何	第一次去看兽医	妈妈的频繁护理	尚未启动	尽早接触温柔的人情味
3-4	开始走路	发展感官和意识	基本命令介绍	疫苗接种计划开始	过渡到软幼犬粮	开始引入小狗垫或户外区域	温柔地介绍其他动物
5-6	第一颗乳牙出现	好奇心与探索	入室盗窃训练开始	继续接种疫苗	定期与幼犬食物一起进食	一致的如厕训练程序	与新朋友的积极经历
7-8	成年牙齿开始长出	增加机动性和趣味性	皮带和项圈简介	定期检查和驱虫	预定膳食并适当分量	加强如厕训练的一致性	暴露于各种环境
9-12	突飞猛进	改善协调性和平衡性	高级服从训练	绝育/绝育注意事项	预定膳食并适当分量	提高如厕训练技巧	与人类/动物持续社交
13-16	青春期	性成熟	高级服从训练	牙科护理、跳蚤/蜱虫预防	规律膳食，适量	加强如厕训练的一致性	保持接触新体验
17-20	身体发育完全	行为成熟和独立	高级命令和技巧	定期健康检查和疫苗接种	规律膳食，适量	持续强化如厕训练	保持积极的社交互动
20+	- 成年犬	完全成熟	继续高级培训	定期梳理和预防护理	规律膳食，适量	强化良好的如厕习惯	持续的社交和精神刺激

该表提供了一般时间表和一般指南，以帮助新的小狗主人跟踪护理和发育的基本方面。然而，重要的是要注意每只小狗都是独一无二的，每只小狗可能都有独特的需求和变化。请咨询您的兽医，了解适合您小狗的品种、体型和健康需求的具体疫苗接种计划和饮食建议。享受玩乐一只快乐健康的小狗的冒险！纬！

请记住，这张表只是一个起点，您的小狗的旅程将充满令人兴奋的发现和调整。

狗人士必备指南

词汇表

从焦虑到摇尾巴

汪汪！让我和大家分享一些让我们狗高兴地摇尾巴的流行术语.这些词就像我们与您进行精彩互动的密码.那么，如果你在书中遇到一个让你感动的单词，嗯？ – 只需翻到术语表，您就会找到它的含义！这就像我们帮助您学习语言的方式，相信我，它会让我们在一起的时光变得更加美好！

领养：欢迎无家可归或被遗弃的狗进入一个充满爱的永远的家，给它们第二次幸福的机会.

备份：当你这么说的时候，我知道是时候退一步了.

Bark：我们说话的方式，无论是为了保护我们的领土还是为了引起你的注意.

疯狂吠叫：当我们感到格外有趣和充满活力时，这是我们让您知道我们已经准备好迎接兴奋的方式.

腹部按摩：就像犬类按摩一样，纯粹的幸福让我们幸福地融化.

最好的朋友：在我们心中占有特殊位置的特殊人，提供爱、陪伴和无尽的冒险.

Butt Wiggle：哦，这个太搞笑了！我的后端摆动，而我的前腿保持不动.这就像一场预演的热身，意味着我欣喜若狂！

爬行：一个有趣的技巧，我向前移动得很低，就像偷偷摸摸地爬行一样.

拥抱：与人类亲密依偎的温馨举动，建立爱与温暖的纽带.

探索狗生活的阴暗面

向下：这意味着我应该趴着，准备好拥抱或享受美食.

Go Boop：那就是你轻轻拍拍我的鼻子的时候——就像是一个小小的问候！

好男孩/好女孩：我们喜欢从人类那里听到的话语，赞扬我们的良好行为，让我们感到被爱和感激.

梳理：保持皮毛清洁、美观的过程，无论是通过刷牙、洗澡还是修剪.

快乐直升机：想象一下我的尾巴像直升机旋翼一样旋转. 是的，这就是快乐直升机！当我超级兴奋或热切等待一些有趣的事情时，就会发生这种情况.

隐藏：哦，捉迷藏游戏！我喜欢找到你，也喜欢招待你！

拥抱：当你用双臂拥抱我时，我感受到你的爱和温暖.

皮带：我们值得信赖的伴侣，在冒险过程中保证我们的安全并与人类保持联系.

午睡时间：我们最喜欢的消遣是蜷缩在一个舒适的地方，通过幸福的小睡来给我们的电池充电.

紧张的轻推：当我有点不确定或有点焦虑时，我的尾巴会快速、犹豫地摇动. 这是我的说法，我对此并不完全确定，但我正在努力！

Paw：这是我向你击掌或请求款待的方式.

Playdate：与毛茸茸的朋友们一起充满乐趣的聚会，我们可以嬉戏、追逐、摇尾巴，度过美好时光.

救援：将狗从困难或不安全的情况下拯救出来，为它们提供爱、关怀和永远的家的英勇行为.

词汇表

翻滚：一个有趣的命令，让我翻转过来——揉肚子！

嗅觉：我们超强的嗅觉使我们能够探索和发现周围的世界.

依偎伙伴：毛茸茸的朋友或喜欢与我们拥抱和依偎的人，为我们提供舒适和温暖.

依偎伙伴：毛茸茸的朋友或喜欢与我们拥抱和依偎的人，为我们提供舒适和温暖.

尾巴下垂：我高举尾巴，轻轻地左右摆动，展示我的自信和积极的氛围. 我感觉棒极了！

扭尾：当我的尾巴轻轻舞动时，表明我见到你是多么兴奋和高兴！

触摸：当你说这句话的时候，我知道要把我的鼻子压在你的手上.

培训：通过积极强化学习新技能和行为的过程，帮助我们成为行为良好、听话的同伴.

款待时间：这是备受期待的时刻，我们会因为表现出色而获得美味小吃作为奖励.

款待：成为最好的毛茸茸伴侣的终极奖励，一种我们无法抗拒的美味佳肴.

兽医：哦，兽医是我们的毛茸茸的医生！他们照顾我们的健康和福祉. 定期去看兽医进行检查、接种疫苗和解决任何健康问题非常重要. 它们帮助我们保持健康和快乐.

摇摆：

探索狗生活的阴暗面

全身摇摆：为这一点做好准备！我无法抑制自己的兴奋，所以我的整个身体都加入了欢笑派对.这是纯粹的幸福释放！

快乐嗅嗅摇摆：天哪，当我嗅到一些令人着迷的东西时，我的尾巴会情不自禁地兴奋地摇摆！这就像在说，<u>这闻起来太棒了！让我们来探索一下吧</u>！

慢摇：有时，我会缓慢而小心地摇动尾巴.就像我在说，<u>我很好奇，但我正在花时间去弄清楚.</u>

微妙的摇动：有时，我会轻轻摇动，只是尾巴稍微动一下.这表明我此刻很满足且平静.

摇尾巴：传说中的快乐和幸福的表达方式，摇尾巴表示我们爱你.

等等：这个很重要——这意味着我应该暂停并耐心等待你的下一个提示.

步行：耳边有音乐意味着我们可以和我们最喜欢的人一起探索世界并锻炼身体.

Walkies：与人类一起散步、探索社区、嗅闻新气味并享受户外活动的令人兴奋的冒险.

挥手：我举起爪子打招呼或再见，就像友好的挥手一样！

Zoomies：那些纯粹的快乐和能量的爆发，让我们在房子或院子里绕圈或之字形冲刺

网站翻译指南

Google 谷歌

从焦虑到摇尾巴

要使用 Google 翻译查看其他语言的网站，请按照以下步骤操作：
https://translate.google.com.au/

1. **打开 Google Translate**：转到您的网络浏览器并搜索"Google Translate"或直接访问 translate.google.com. 然后单击网站按钮.

2. **选择语言：选择语言**：在谷歌翻译页面左侧选择源语言（您要翻译的网站的语言，例如英语），右侧为目标语言（您想要翻译的网站的语言）被翻译成；例如，西班牙语）.

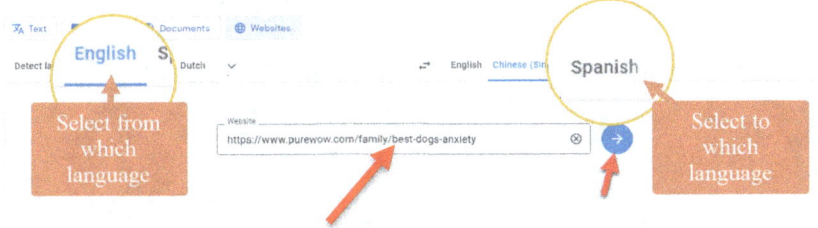

3. **输入网站 URL**：在提供的框中输入您要翻译的网站的 URL.

探索狗生活的阴暗面

4. **选择目标语言：**
默认情况下，谷歌翻译将尝试根据您的浏览器设置确定目标语言.

但您可以根据需要选择任何其他语言，例如中文.

5. **浏览翻译的网站：**
您现在可以像浏览其他网页一样浏览翻译的网站.请记住，翻译可能并不完美，尤其是对于复杂或专业的内容，但它应该让您对网站内容有一个大致的了解.

6. **切换到原始语言：** 随意在默认语言和您选择的语言之间来回切换.只需点击页面右上角的翻译按钮，然后选择"原始"或"翻译".

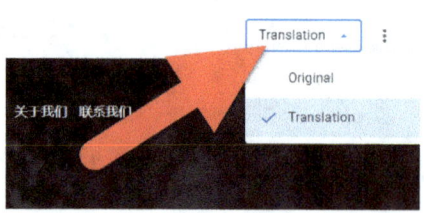

请注意，谷歌翻译的格式可能会随着时间的推移而改变.要获取最新的说明，我们建议使用互联网浏览器在线搜索.

指导方针网站翻译在中国

从焦虑到摇尾巴

Baidu 百度

要使用百度翻译查看其他语言的网站，请按以下步骤操作：

7. **打开百度翻译**：在浏览器中搜索"百度翻译"或访问 http://fanyi.baidu.com/

8. **添加网站网址**：选择源语言"英语"和目标语言"中文"；然后添加您的URL 并输入

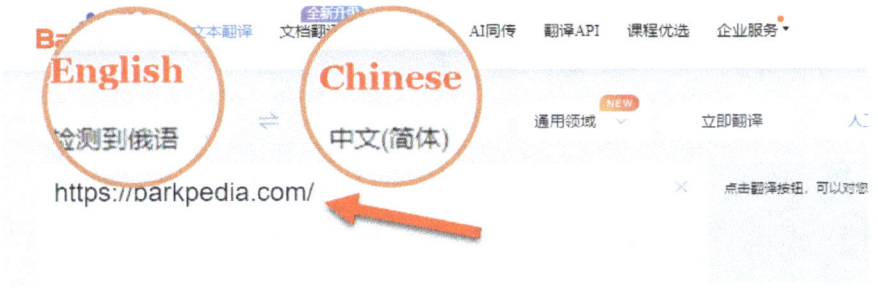

百度会重定向到 URL 翻译器，再次复制相同的 URL 并输入

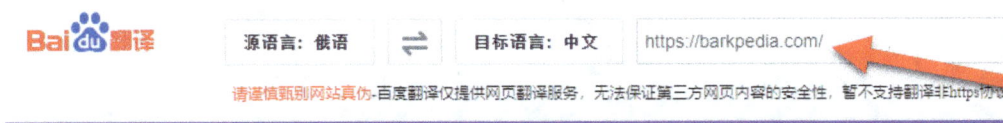

9. **浏览翻译后的网站**：您现在可以像浏览其他网页一样浏览翻译后的网站. 请记住，翻译可能并不完美，尤其是对于复杂或特定的内容，但应该能让您对网站的内容有一个总体的了解.

探索狗生活的阴暗面

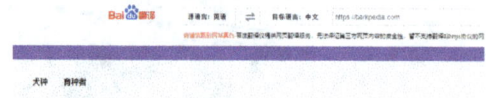

请注意，百度翻译的格式可能会随着时间的推移而改变.要获取最新说明，我们建议使用互联网浏览器在线搜索.

狗书日志

从焦虑到摇尾巴